First Dutch Reader for beginners

Aart Rembrandt

First Dutch Reader
for beginners
bilingual for speakers of English
Audio tracks online inclusive

First Dutch Reader for beginners
by Aart Rembrandt

Second edition

Graphics: Audiolego Design
Images: Canstockphoto

Copyright © 2014 2016 Language Practice Publishing
Copyright © 2016 Audiolego

This book is in copyright. Subject to statutory exception and to the provisions of relevant collective licensing agreements, no reproduction of any part may take place without the written permission of Language Practice Publishing.

Audio tracks: www.lppbooks.com/Dutch/FirstDutchReader/En/
www.lppbooks.com
www.audiolego.de
www.audiolego.com

Inhoudsopgave
Table of contents

Dutch Alphabet 6
Elementary level 11
Chapter 1 Robert has a dog 13
Chapter 2 They live in San Francisco (the USA) 15
Chapter 3 Are they Germans? 17
Chapter 4 Can you help me, please? 20
Chapter 5 Robert lives in the USA now 23
Chapter 6 Robert has many friends 26
Chapter 7 David buys a bike 29
Chapter 8 Linda wants to buy a new DVD 31
Chapter 9 Paul listens to German songs 33
Chapter 10 Paul buys textbooks on design 36
Chapter 11 Robert wants to earn some money (part 1) 38
Chapter 12 Robert wants to earn some money (part 2) 41
Pre-intermediate level 45
Hoofdstuk 13 De naam van het hotel 47
Hoofdstuk 14 Aspirine 49
Hoofdstuk 15 Nancy en de kangoeroe 52
Hoofdstuk 16 Parachutisten 55
Hoofdstuk 17 Draai het gas uit! 59
Hoofdstuk 18 Een uitzendbureau 62
Hoofdstuk 19 David en Robert wassen de truck (deel 1) 65
Hoofdstuk 20 David en Robert wassen de truck (deel 2) 68
Hoofdstuk 21 Een les 71
Hoofdstuk 22 Paul werkt bij een uitgever 74
Hoofdstuk 23 Kattenregels 78
Hoofdstuk 24 Teamwerk 81
Hoofdstuk 25 Robert en David zoeken een nieuwe job 84
Hoofdstuk 26 Solliciteren voor San Fransico Nieuws 88
Hoofdstuk 27 De politiepatrouille (deel 1) 91
Hoofdstuk 28 De politiepatrouille (deel 2) 95
Hoofdstuk 29 School voor Buitenlandse Studenten (SBS) en au pair 99
Dutch-English dictionary 103
English-Dutch dictionary 113

Dutch Alphabet

When a vowel is followed by another vowel, this combination usually represents a long vowel (aa, ee, eu, ie, oe, oo, uu) or a diphthong (ai, au, ei, ou, ui, aai, eeu, ieu, oei, ooi).

When one of these letter combinations should not be pronounced together (phonological hiatus), a trema is placed upon the first vowel of the next syllable. A trema is not used if the letters do not normally form a combination. For instance, a trema is added in ruïne (ruin) because otherwise ui would be pronounced as a diphthong. It is also added in beëdigen (to swear in) because otherwise ee would form a long vowel. It is not added in beamen (to confirm) because ea can only be pronounced as e + a and not in any other way. In words that are still considered completely foreign, and keep their original spelling, no trema is added even if the combination of vowels would produce a diphthong or a long vowel. For instance, museum is not written museüm.

When the vowels are not immediately adjacent (e.g. when the word is split by a hyphen at the end of a line) there is no ambiguity so the trema is not added.

A trema can be seen on any vowel except for ij and y, because combinations of vowels preceded or followed by either of these are never ambiguous.

Unlike in some other languages, a vowel with a trema stays the same letter: ä, ë, ï, ö and ü do not have separate places in the alphabet.

On vowels, stress marks may be used, for instance: "je móét dat doen" ("you must do that"). Such vowels are not considered separate letters and are treated as if there were no marks present.

In loanwords from languages written in Latin script, diacritical marks are usually preserved (café, façade, übermensch). However, ligatures like ß, æ, and œ become ss, ae, and oe respectively.

Letter	Letter name	Pronunciation
A	[aː]	/aː/ or /ɑ/
B	[beː]	/b/
C	[seː]	/k/ or /s/
D	[deː]	/d/
E	[eː]	/eː/, /ɛ/ or /ə/
F	[ɛf]	/f/
G	[ɣeː]	Netherlands: /ɣ/, Flanders: /ʝ/
H	[ɦaː]	/ɦ/
I	[i]	/i/, /ɪ/, /ə/ or /j/
J	[jeː]	/j/
K	[kaː]	/k/
L	[ɛɫ]	/l/
M	[ɛm]	/m/
N	[ɛn]	/n/
O	[oː]	/o/ or /ɔ/

P	[peː]	/p/
Q	[ky]	/k/
R	[ɛɾ]	/r/
S	[ɛs]	/s/
T	[teː]	/t/
U	[y]	/y/, /ʏ/ or /ʊ/
V	[veː]	/v/
W	[ʋeː]	Netherlands: /ʋ/, Flanders and Suriname: /w/
X	[ɪks]	/ks/
Y	[ɛɪ]	/ɛɪ/, /ɪ/, /iː/ or /j/
Z	[zɛt]	/z/

Spelling alphabet
When necessary, Dutch speakers may use a conventional spelling alphabet for spelling words aloud (with slight variations from speaker to speaker)
Anton Bernhard Cornelis Dirk Eduard Ferdinand Gerard Hendrik Izaak Johan/Jacob Karel Lodewijk/Leo Maria Nico Otto Pieter Quirinus/Quinten Richard/Rudolf Simon Theodoor Utrecht Victor Willem Xantippe IJmuiden/IJsbrand Ypsilon Zacharias

Dutch uses the following letters and letter combinations.

Consonants

Spelling	IPA normally	IPA final
b	/b/	/p/
c	/s/, /k/, /tʃ/	/k/
ch	/x/, /ʃ/, /tʃ/, /k/	/x/
d	/d/	/t/
f	/f/	
g	/ɣ/	/x/
h	/ɦ/	-
j	/j/	-
k	/k/	
l	/l/	
m	/m/	
n	/n/	

Spelling	IPA	
ng	-	/ŋ/
p	/p/	
ph	/f/	
qu	/kʋ/	-
r	/r/	
s	/s/, /z/	
sch	/sx/	/s/
sj	/sʲ/ or /ʃ/	
t	/t/, /(t)s/	/t/
tj	/tʲ/ or /tʃ/	-
tsj	/tʃ/	-
v	/v/	/f/
w	/ʋ/	
x	/ks/, /gz/	/ks/
y	/j/	-
z	/z/	/s/

Vowels and diphthongs

Spelling	IPA checked	IPA free
a	/ɑ/	/a:/
aa	/a:/	-
aai	/a:i/	
ae	/a:/, /e:/	
ai	/ɑi/	
au(w)	/ɑu/	
e	/ɛ/, /ə/	/e:/, /ə/
ee	/e:/	
eeuw	/e:u/	
ei	/ɛi/	
eu	/ø:/	
i	/ɪ/, /ə/	/i/, /i:/
ie	/i(:)/	
ieuw	/iu/	
ij	/ɛi/, /ə/	

o	/ɔ/	/oː/
oe	/u(ː)/	
oei	/ui/	
oi	/ɔi/, sometimes /oː/	
oo	/oː/	-
ooi	/oːi/	
ou(w)	/ɑu/	
u	/ʏ/	/y(ː)/
ui	/œy/	
uu	/y/	-
uw	/yu/	
y	/i/, /ɪ/, /ɛi/	

Checked and free vowels

Modern Dutch spelling still retains much of the details of the late Middle Dutch system. The distinction between checked vowels and free vowels is important in Dutch spelling. A checked vowel is one that is followed by a consonant in the same syllable (the syllable is closed), while a free vowel is one that is not (the syllable is open). This distinction can apply to pronunciation or spelling independently, although a syllable that is checked in pronunciation will always be checked in spelling as well (except in some unassimilated loanwords).
- Checked in neither: la-ten /ˈlaː.tə(n)/
- Checked in spelling only: lat-ten /ˈlɑ.tə(n)/
- Checked in both: lat /lɑt/, lat-je /ˈlɑt.jə/

A single vowel that is checked in neither is always long/tense, a vowel that is checked in both is always short/lax.

First Dutch Reader
Elementary level

1

Robert heeft een hond
Robert has a dog

Woordenschat
Words

1. bed - bed
2. bedden - beds
3. blauw - blue
4. boek - book
5. dat, die - that
6. deze, die - these, those
7. dit, deze - this; dit boek - this book
8. droom - dream
9. één - one
10. en - and
11. fiets - bike
12. groen - green
13. groot - big
14. hebben - have; hij/zij heeft - he/she/it has; Hij heeft een boek. He has a book.
15. hij - he
16. hond - dog
17. hotel - hotel
18. hotels - hotels
19. ik - I
20. kamer - room
21. kamers - rooms
22. kat - cat
23. klein - little
24. mijn - my
25. mooi - nice
26. neus - nose
27. niet - not
28. nieuw - new
29. notitieboek - notebook
30. notitieboeken - notebooks
31. ogen - eyes
32. oog - eye
33. ook - too
34. park - park
35. parken - parks
36. pen - pen
37. pennen - pens
38. ster - star
39. straat - street
40. straten - streets
41. student - student

42. studenten - students
43. tafel - table
44. tafels - tables
45. tekst - text
46. veel - many, much
47. venster - window
48. vensters - windows
49. vier - four
50. winkel - shop
51. winkels - shops
52. woord - word
53. woorden - words
54. zij - they
55. zijn - his; zijn bed - his bed
56. zwart - black

B

Robert heeft een hond

Robert has a dog

1.Deze student heeft een boek. 2.Hij heeft ook een pen. 3.San Francisco heeft veel straten en parken. 4.Deze straat heeft nieuwe hotels en winkels. 5.Dit hotel heeft 4 sterren. 6.Dit hotel heeft veel mooie grote kamers. 7.Die kamer heeft veel vensters. 8.En deze kamers hebben niet veel vensters. 9.Deze kamers hebben vier bedden. 10.En die kamers hebben één bed. 11.Die kamer heeft niet veel tafels. 12.En die kamers hebben veel grote tafels. 13.Deze straat heeft geen hotels. 14.Die grote winkel heeft veel vensters.
15.Deze studenten hebben notitieboeken. 16.Zij hebben ook pennen. 17.Robert heeft één klein zwart notitieboek. 18.Paul heeft vier nieuwe groene notiteboeken. 19.Deze student heeft een fiets. 20.Hij heeft een nieuwe blauwe fiets. 21.David heeft ook een fiets. 22.Hij heeft een mooie zwarte fiets. 23.Paul heeft een droom. 24.Ik heb ook een droom.
25.Ik heb geen hond. 26.Ik heb een kat. 27.Mijn kat heeft mooie groene ogen. 28.Robert heeft geen kat. 29.Hij heeft een hond. 30.Zijn hond heeft een kleine zwarte neus.

1.This student has a book. 2.He has a pen too. 3.San Francisco has many streets and parks. 4.This street has new hotels and shops. 5.This hotel has four stars. 6.This hotel has many nice big rooms. 7.That room has many windows. 8.And these rooms do not have many windows. 9.These rooms have four beds. 10.And those rooms have one bed. 11.That room does not have many tables. 12.And those rooms have many big tables. 13.This street does not have hotels. 14.That big shop has many windows. 15.These students have notebooks. 16.They have pens too. 17.Robert has one little black notebook. 18.Paul has four new green notebooks. 19.This student has a bike. 20.He has a new blue bike. 21.David has a bike too. 22.He has a nice black bike. 23.Paul has a dream. 24.I have a dream too. 25.I do not have a dog. 26.I have a cat. 27.My cat has nice green eyes. 28.Robert does not have a cat. 29.He has a dog. 30.His dog has a little black nose.

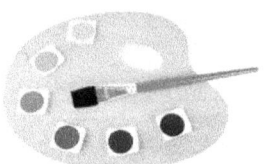

2

Zij wonen in San Francisco (VS)
They live in San Francisco (the USA)

A

Woordenschat
Words

1. Amerikaans – American, de Amerikaan – the American
2. broer - brother
3. broodje - sandwich
4. Canada - Canada
5. Canadees - Canadian
6. Duits - German
7. groot - big
8. honger - hunger, hongerig-hungry, Ik heb honger - I am hungry.
9. in - in
10. jij, je - you
11. kopen - buy
12. leven - live
13. moeder - mother
14. nu, meteen - now
15. stad - city
16. supermarkt - supermarket
17. twee - two
18. van, uit - from; uit de VS - from the USA
19. VS - USA
20. wij - we
21. zij – she, they
22. zus - sister

B

Zij leven in San Francisco (VS)

1.San Francisco is een grote stad. 2.San Francisco ligt in de VS.
3.Dit is Robert. 4.Robert is een student. 5.Hij is

They live in San Francisco (USA)

1.San Francisco is a big city. 2.San Francisco is in the USA.
3.This is Robert. 4.Robert is a student. 5.He is in San Francisco now. 6.Robert is from Germany. 7.He is

nu in San Francisco. 6.Robert komt uit Duitsland. 7.Hij is Duits. 8.Robert heeft een moeder, een vader, een broer en een zus. 9.Zij leven in Duitsland.
10.Dit is Paul. 11.Paul is ook een student. 12.Hij komt uit Canada. 13.Hij is Canadees. 14.Paul heeft een moeder, een vader en twee zussen. 15.Zij leven in Canada.
16.Robert en Paul zijn nu in een supermarkt. 17.Zij hebben honger. 18.Zij kopen broodjes.
19.Dit is Linda. 20.Linda is Amerikaans. 21.Linda leeft ook in San Francisco. 22.Zij is geen student.
23.Ik ben een student. 24.Ik kom uit Duitsland. 25.Ik ben nu in San Francisco. 26. Ik heb geen honger.
27.Jij bent een student. 28.Jij bent Duits. 29.Jij bent nu niet in Duitsland. 30.Jij bent in de VS.
31.Wij zijn studenten. 32.Wij zijn nu in de VS.
33.Dit is een fiets. 34.De fiets is blauw. 35.De fiets is niet nieuw.
36.Dit is een hond. 37.De hond is zwart. 38. De hond is niet groot.
39.Dit zijn winkels. 40.De winkels zijn niet groot. 41.Zij zijn klein. 42.Die winkel heeft veel vensters. 43.Die winkels hebben niet veel vensters. 44. Die kat is in de kamer. 45. Deze katten zijn niet in de kamer.

German. 8.Robert has a mother, a father, a brother and a sister. 9.They live in Germany.
10.This is Paul. 11.Paul is a student too. 12.He is from Canada. 13.He is Canadian. 14.Paul has a mother, a father and two sisters. 15.They live in Canada.
16.Robert and Paul are in a supermarket now. 17.They are hungry. 18.They buy sandwiches.
19.This is Linda. 20.Linda is American. 21.Linda lives in San Francisco too. 22.She is not a student.
23.I am a student. 24.I am from Germany. 25.I am in San Francisco now. 26.I am not hungry.
27.You are a student. 28.You are German. 29.You are not in Germany now. 30.You are in the USA.
31.We are students. 32.We are in the USA now.
33.This is a bike. 34.The bike is blue. 35.The bike is not new.
36.This is a dog. 37.The dog is black. 38.The dog is not big.
39.These are shops. 40.The shops are not big. 41.They are little. 42.That shop has many windows. 43.Those shops do not have many windows.
44.That cat is in the room. 45.Those cats are not in the room.

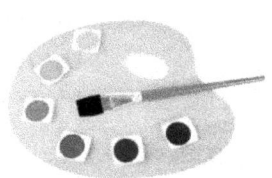

3

Zijn zij Duitsers?
Are they Germans?

A

Woordenschat
Words

1. allemaal - all
2. bij - at
3. café - café
4. CD-speler - CD player
5. dier - animal
6. haar - her; haar boek - her book
7. het - it
8. hoe - how
9. huis - house
10. ja - yes
11. je, jij - you
12. jongen - boy
13. kaart - map
14. man - man
15. nee - no
16. ons, onze - our
17. op - on
18. Spaans - Spanish
19. vrouw - woman
20. waar - where

B

Zijn zij Duitsers?
1
- Ik ben een jongen. Ik ben in de kamer
- Ben jij Amerikaans?
- Nee, dat ben ik niet. Ik ben Duits.

Are they Germans?
1
- I am a boy. I am in the room.
- Are you American?
- No, I am not. I am German.

- Ben jij een student?
- Ja, dat ben ik. Ik ben een student.

2

- Dit is een vrouw. De vrouw is ook in de kamer.
- Is zij Duits?
- Nee, dat is ze niet. Ze is Amerikaans.
- Is zij een student?
- Nee dat is ze niet. Ze is geen student.
- Dit is een man. Hij zit aan de tafel.
- Is hij Amerikaans?
- Ja. Hij is Amerikaans.

3

- Dit zijn studenten. Zij zijn in het park.
- Zijn zij allemaal Amerikanen?
- Nee, dat zijn zij niet. Zij komen uit Duitsland, de VS en Canada.

4

- Dit is een tafel. Hij is groot.
- Is hij nieuw?
- Ja. Hij is nieuw.

5

- Dit is een kat. Hij is in de kamer.
- Is hij zwart?
- Ja. Hij is zwart en mooi.

6

- Dit zijn fietsen. Zij zijn bij het huis.
- Zijn zij zwart?
- Ja. Zij zijn zwart.

7

- Heb jij een notitieboek?
- Ja, die heb ik.
- Hoeveel notitieboeken heb je?
- Ik heb twee notitieboeken.

8

- Heeft hij een pen?
- Ja.
- Hoeveel pennen heeft hij?
- Hij heeft één pen

9

- Heeft zij een fiets?
- Ja.
- Is haar fiets blauw?
- Nee. Haar fiets is niet blauw. Hij is groen.

10

- Heb jij een Spaans boek?
- Nee. Ik heb geen Spaans boek. Ik heb geen boeken.

- Are you a student?
- Yes. I am. I am a student.

2

- This is a woman. The woman is in the room too.
- Is she German?
- No, she is not. She is American.
- Is she a student?
- No, she is not. She is not a student.
- This is a man. He is at the table.
- Is he American?
- Yes, he is. He is American.

3

- These are students. They are in the park.
- Are they all Americans?
- No, they are not. They are from Germany, the USA and Canada.

4

- This is a table. It is big.
- Is it new?
- Yes, it is. It is new.

5

- This is a cat. It is in the room.
- Is it black?
- Yes, it is. It is black and nice.

6

- These are bikes. They are at the house.
- Are they black?
- Yes, they are. They are black.

7

- Do you have a notebook?
- Yes, I do.
- How many notebooks do you have?
- I have two notebooks.

8

- Does he have a pen?
- Yes, he does.
- How many pens does he have?
- He has one pen.

9

- Does she have a bike?
- Yes, she does.
- Is her bike blue?
- No, it is not. Her bike is not blue. It is green.

10

- Do you have a Spanish book?
- No, I do not. I do not have a Spanish book. I have no books.

11
- Heeft zij een kat?
- Nee. Zij heeft geen kat. Ze heeft geen dier.

12
- Heb jij een cd-speler?
- Nee. Wij hebben geen cd-speler.

13
- Waar is onze kaart?
- Onze kaart is in de kamer.
- Ligt hij op de tafel?
- Ja, dat is zo.

14
- Waar zijn de jongens?
- Zij zijn in het café.
- Waar zijn de fietsen?
- Zij zijn bij het café.
- Waar is Paul?
- Hij is ook in het café

11
- *Does she have a cat?*
- *No, she does not. She does not have a cat. She has no animal.*

12
- *Do you have a CD player?*
- *No, we do not. We do not have a CD player.*

13
- *Where is our map?*
- *Our map is in the room.*
- *Is it on the table?*
- *Yes, it is.*

14
- *Where are the boys?*
- *They are in the café.*
- *Where are the bikes?*
- *They are at the café.*
- *Where is Paul?*
- *He is in the café too.*

4

Kan je me helpen alstublieft?
Can you help me, please?

A

Woordenschat
Words

1. adres - address
2. alstublieft, alsjeblieft, aub - please
3. bank - bank
4. bedanken - thank; bedankt - thank you, thanks
5. gaan - go; Ik ga naar de bank. - I go to the bank.
6. hulp - help; helpen - to help
7. kunnen - can; Ik kan lezen. - I can read.
8. leren - learn
9. lezen - read
10. maar - but
11. moeten - must; Ik moet gaan. - I must go.
12. mogen, kunnen - may
13. nemen - take
14. niet mogen - must not
15. plaats - place
16. schrijven - write
17. spelen - play
18. spreken - speak
19. voor - for
20. zitten - sit

B

Kan je me helpen alstublieft?
1
- Kan je me helpen alstublieft?
- Ja, dat kan ik.
- Ik kan het adres niet in het Engels schrijven. Kan jij het voor mij schrijven?

Can you help me, please?
1
- Can you help me, please?
- Yes, I can.
- I cannot write the address in English. Can you write it for me?
- Yes, I can.

- Ja, dat kan ik.
- Bedankt.

2

- Kan je tennissen?
- Nee. Maar ik kan het leren. Kan je me helpen om het te leren?
- Ja. Ik kan je helpen om te leren tennissen.
- Bedankt.

3

- Kan jij Engels spreken?
- Ik kan Engels spreken en lezen maar ik kan het niet schrijven.
- Kan jij Duits spreken?
- Ik kan Duits spreken, lezen en schrijven.
- Kan Linda ook Duits spreken?
- Nee, dat kan ze niet. Zij is Amerikaans.
- Kunnen zij Engels spreken?
- Ja, een beetje. Zij zijn studenten en zij leren Engels. Deze jongen kan geen Engels spreken.

4

- Waar zijn zij?
- Zij spelen nu tennis.
- Mogen wij ook spelen?
- Ja, dat mogen wij.

5

- Waar is Robert?
- Hij kan in het café zijn.

6

- Zit aan deze tafel alstublieft.
- Bedankt, mag ik mijn boeken op die tafel leggen?
- Ja, dat mag je.
- Mag Paul aan deze tafel zitten?
- Ja, dat mag hij.

7

- Mag ik op haar bed zitten?
- Nee, dat mag je niet.
- Mag Linda zijn cd-speler nemen?
- Nee, ze mag zijn cd-speler niet nemen.

8

- Mogen ze haar kaart nemen?
- Nee, dat mogen ze niet.

9

Je mag niet op haar bed zitten.
Zij mag zijn cd-speler niet nemen.
Zij mogen deze notitieboeken niet nemen.

- *Thank you.*

2

- *Can you play tennis?*
- *No, I cannot. But I can learn. Can you help me to learn?*
- *Yes, I can. I can help you to learn to play tennis.*
- *Thank you.*

3

- *Can you speak English?*
- *I can speak and read English but I cannot write.*
- *Can you speak German?*
- *I can speak, read and write German.*
- *Can Linda speak German too?*
- *No, she cannot. She is American.*
- *Can they speak English?*
- *Yes, they can a little. They are students and they learn English. This boy cannot speak English.*

4

- *Where are they?*
- *They play tennis now.*
- *May we play too?*
- *Yes, we may.*

5

- *Where is Robert?*
- *He may be at the café.*

6

- *Sit at this table, please.*
- *Thank you. May I place my books on that table?*
- *Yes, you may.*
- *May Paul sit at his table?*
- *Yes, he may.*

7

- *May I sit on her bed?*
- *No, you must not.*
- *May Linda take his CD player?*
- *No. She must not take his CD player.*

8

- *May they take her map?*
- *No, they may not.*

9

You must not sit on her bed.
She must not take his CD player.
They must not take these notebooks.

10
- Ik moet naar de bank.
- Moet je nu gaan?
- Ja, dat moet ik

11
- Moet je Duits leren?
- Ik hoef geen Duits leren. Ik moet Engels leren.

12
- Moet ze naar de bank gaan?
- Nee, ze hoeft niet naar de bank gaan.
- Mag ik deze fiets nemen?
- Nee, je mag deze fiets niet nemen.
- Mogen we deze notitieboeken op haar bed leggen?
- Nee, je mag deze notitieboeken niet op haar bed leggen.

10
- *I must go to the bank.*
- *Must you go now?*
- *Yes, I must.*

11
- *Must you learn German?*
- *I need not learn German. I must learn English.*

12
- *Must she go to the bank?*
- *No. She need not go to the bank.*
- *May I take this bike?*
- *No, you must not take this bike.*
- *May we place these notebooks on her bed?*
- *No. You must not place these notebooks on her bed.*

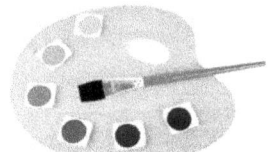

5

Robert leeft nu in de VS
Robert lives in the USA now

A

Woordenschat
Words

1. acht - eight
2. boerderij - farm
3. daar, er - there
4. drie - three
5. drinken - drink
6. een paar - some
7. eten - eat
8. goed - good, well
9. graag hebben, houden van - like, love
10. krant - newspaper
11. luisteren - listen; Ik luister naar muziek - I listen to music.
12. meisje - girl
13. mensen - people
14. meubilair, meubels - furniture
15. muziek - music
16. nodig hebben - need
17. ontbijt - breakfast; ontbijten - have breakfast
18. plein - square
19. stoel - chair
20. thee - tea
21. vijf - five
22. willen - want
23. zes - six
24. zeven - seven

B

Robert leeft nu in de VS

1
Linda leest goed Engels. Ik lees ook Engels. De studenten gaan naar het park. Zij gaat ook naar het park.

2
Wij leven in San Francisco. Paul leeft nu ook in San Francisco. Zijn vader en moeder leven in Canada. Robert leeft nu in San Francisco. Zijn vader en moeder leven in Duitsland.

3
De studenten tennissen. Paul speelt goed. Robert speelt niet goed.

4
Wij drinken thee. Linda drinkt groene thee. David drinkt zwarte thee. Ik drink ook zwarte thee.

5
Ik luister naar muziek. Sarah luistert ook naar muziek. Ze luistert graag naar goede muziek.

6
Ik heb zes notitieboeken nodig. David heeft zeven notitieboeken nodig. Linda heeft acht notitieboeken nodig.

7
Sarah wil drinken. Ik wil ook drinken. Paul wil eten.

8
Er ligt een krant op tafel. Paul pakt en leest hem. Hij leest graag kranten.

9
Er staat een beetje meubilair in de kamer. Er zijn daar zes tafels en zes stoelen.

10
Er zijn drie meisjes in de kamer. Ze ontbijten.

11
Sarah eet brood en drinkt thee. Ze drinkt graag groene thee.

12
Er liggen enkele boeken op de tafel. Ze zijn niet nieuw. Ze zijn oud.

13
- Is er een bank in deze straat?
- Ja, Er zijn vijf banken in deze straat. De banken zijn niet groot.

Robert lives in the USA now

1
Linda reads English well. I read English too. The students go to the park. She goes to the park too.

2
We live in San Francisco. Paul lives in San Francisco now too. His father and mother live in Canada. Robert lives in San Francisco now. His father and mother live in Germany.

3
The students play tennis. Paul plays well. Robert does not play well.

4
We drink tea. Linda drinks green tea. David drinks black tea. I drink black tea too.

5
I listen to music. Sarah listens to music too. She likes to listen to good music.

6
I need six notebooks. David needs seven notebooks. Linda needs eight notebooks.

7
Sarah wants to drink. I want to drink too. Paul wants to eat.

8
There is a newspaper on the table. Paul takes it and reads. He likes to read newspapers.

9
There is some furniture in the room. There are six tables and six chairs there.

10
There are three girls in the room. They are eating breakfast.

11
Sarah is eating bread and drinking tea. She likes green tea.

12
There are some books on the table. They are not new. They are old.

13
- Is there a bank in this street?
- Yes, there is. There are five banks in this street. The banks are not big.

14
- Are there people in the square?
- Yes, there are. There are some people in the

14
- Zijn er mensen op het plein?
- Ja, er zijn enkele mensen op het plein

15
- Zijn er fietsen bij het café?
- Ja, er zijn vier fietsen bij het café. Ze zijn niet nieuw.

16
- Is er een hotel in deze straat?
- Nee, er zijn geen hotels in deze straat.

17
- Zijn er grote winkels in die straat?
- Nee. Er zijn geen grote winkels in die straat.

18
- Zijn er boerderijen in de VS?
- Ja. Er zijn veel grote boerderijn in de VS.

19
- Is er meubilair in die kamer?
- Ja. Er zijn daar vier tafels en enkele stoelen.

square.

15
- *Are there bikes at the café?*
- *Yes, there are. There are four bikes at the café. They are not new.*

16
- *Is there a hotel in this street?*
- *No, there is not. There are no hotels in this street.*

17
- *Are there any big shops in that street?*
- *No, there are not. There are no big shops in that street.*

18
- *Are there any farms in the USA?*
- *Yes, there are. There are many big farms in the USA.*

19
- *Is there any furniture in that room?*
- *Yes, there is. There are four tables and some chairs there.*

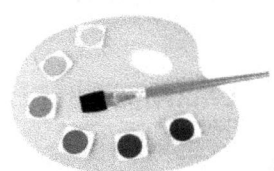

6

Robert heeft veel vrienden
Robert has many friends

A

Woordenschat
Words

1. agentschap - agency
2. auto - car
3. baan - job; uitzendbureau - job agency
4. CD - CD
5. computer - computer
6. Davids boek - David's book
7. deur - door
8. fornuis - cooker
9. in – in, into
10. koffie - coffee
11. komen / gaan - come / go
12. onder - under
13. ook - as well
14. schoon - clean
15. vader - dad
16. veel, vele - much, many; veel werk hebben - have a lot of work
17. vriend - friend
18. vrij - free
19. vrije tijd - free time
20. weten - know

B

Robert heeft veel vrienden
1
Robert heeft veel vrienden. Roberts vrienden gaan naar het café. Ze drinken graag koffie. Roberts vrienden drinken veel koffie.
2
Pauls vader heeft een auto. De auto van zijn vader is

Robert has many friends
1
Robert has many friends. Robert's friends go to the café. They like to drink coffee. Robert's friends drink a lot of coffee.
2
Paul's dad has a car. The dad's car is clean

schoon maar oud. Pauls vader rijdt veel. Hij heeft een goede job en hij heeft nu veel werk.

3
David heeft veel CD's. Davids CD's liggen op zijn bed. Davids cd-speler ligt ook op zijn bed.

4
Robert leest Amerikaanse kranten. Er liggen veel kranten op de tafel in Roberts kamer.

5
Nancy heeft een kat en een hond. Nancy's kat is in de kamer onder het bed. Nancy's hond is ook in de kamer.

6
Er is een man in deze auto. Deze man heeft een kaart. De kaart van de man is groot. Deze man rijdt veel.

7
Ik ben een student. Ik heb veel vrije tijd. Ik ga naar het uitzendbureau. Ik heb een goede baan nodig.

8
Paul en Robert hebben weinig vrije tijd. Zij gaan ook naar het uitzendbureau. Paul heeft een computer. Het agentschap kan Paul een goede baan geven.

9
Linda heeft een nieuw fornuis. Linda's fornuis is goed en schoon. Linda maakt het ontbijt voor haar kinderen. Nancy en David zijn Linda's kinderen. Linda's kinderen drinken veel thee. De moeder drinkt een beetje koffie. Nancy's moeder kan heel weinig Duitse woorden spreken. Ze spreekt heel weinig Duits. Linda heeft een job. Ze heeft weinig vrije tijd.

10
Robert kan weinig Engels spreken. Robert kent heel weinig Engelse woorden. Ik ken veel Engelse woorden. Ik kan een beetje Engels spreken. Deze vrouw kent veel Engelse woorden. Zij spreekt goed Engels.

11
George werkt in een uitzendbureau. Dit uitzendbureau staat in San Francisco. George heeft een auto. George's auto staat in de straat. George heeft veel werk. Hij moet naar het uitzendbureau gaan. Hij rijdt erheen. George komt aan in het uitzendbureau. Er zijn daar veel studenten. Ze hebben werk nodig. George's baan is de studenten te helpen.

12
Er staat een auto bij het hotel. De deuren van deze auto

---

but old. Paul's dad drives a lot. He has a good job and he has a lot of work now.

3
David has a lot of CDs. David's CDs are on his bed. David's CD player is on his bed as well.

4
Robert reads American newspapers. There are many newspapers on the table in Robert's room.

5
Nancy has a cat and a dog. Nancy's cat is in the room under the bed. Nancy's dog is in the room as well.

6
There is a man in this car. This man has a map. The man's map is big. This man drives a lot.

7
I am a student. I have a lot of free time. I go to a job agency. I need a good job.

8
Paul and Robert have a little free time. They go to the job agency as well. Paul has a computer. The agency may give Paul a good job.

9
Linda has a new cooker. Linda's cooker is good and clean. Linda cooks breakfast for her children. Nancy and David are Linda's children. Linda's children drink a lot of tea. The mother drinks a little coffee. Nancy's mother can speak very few German words. She speaks German very little. Linda has a job. She has little free time.

10
Robert can speak English little. Robert knows very few English words. I know a lot of English words. I can speak English a little. This woman knows a lot of English words. She can speak English well.

11
George works at a job agency. This job agency is in San Francisco. George has a car. George's car is in the street. George has a lot of work. He must go to the agency. He drives there. George comes into the agency. There are a lot of students there. They need jobs. George's job is to help the students.

zijn niet schoon.
Veel studenten leven in dit hotel. De kamers van het hotel zijn klein maar schoon. Dit is Roberts kamer. Het venster van de kamer is groot en schoon.

There is a car at the hotel. The doors of this car are not clean.
Many students live in this hotel. The rooms of the hotel are little but clean. This is Robert's room. The window of the room is big and clean.

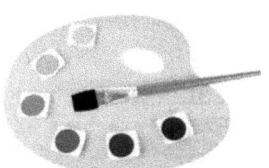

7

David koopt een fiets
David buys a bike

A

Woordenschat
Words

1. arbeider - worker
2. badkamer - bathroom; bad - bath
3. badkamertafel - bathroom table
4. bus - bus; de bus nemen - go by bus
5. centrum - centre; stadscentrum - city centre
6. dan - then
7. één voor één - one by one
8. firma - firm
9. firma's - firms
10. gezicht - face
11. huis - home; naar huis gaan - go home
12. kantoor - office
13. keuken - kitchen
14. koffiemachine – coffee-maker
15. maken - make
16. met - with
17. met de fiets rijden - go by bike, ride a bike
18. nadien - after that
19. ochtend - morning
20. rij - queue
21. snack - snack
22. sport - sport; sportwinkel - sport shop
23. sportfiets - sport bike
24. tijd - time
25. vandaag - today
26. wasmachine - washer
27. wassen - wash
28. zaterdag - Saturday

B

David koopt een fiets

Het is zaterdagochtend. David gaat naar de badkamer. De badkamer is niet groot. Er is daar een bad, een wasmachine en een badkamertafel. David wast zijn gezicht. Dan gaat hij naar de keuken. Er staat een theemachine op de keukentafel. David eet zijn ontbijt. Davids ontbijt is niet groot. Dan maakt hij een beetje koffie met de koffiemachine en drinkt het. Hij wil vandaag naar een sportwinkel gaan. David gaat de straat op. Hij neemt bus zeven. Het duurt niet lang voor David om naar de winkel te gaan met de bus. David gaat de sportwinkel in. Hij wil een nieuwe sportfiets kopen. Er zijn daar veel sportfietsen. Ze zijn zwart, blauw en groen. David vindt blauwe fietsen leuk. Hij wil een blauwe kopen. Er is een wachtrij in de winkel. Het duurt lang voor David om de fiets te kopen. Dan gaat hij de straat op en rijdt met de fiets. Hij rijdt naar het stadscentrum. Dan rijdt hij van het stadscentrum naar het stadspark. Het is zo leuk om met een nieuwe sportfiets te rijden.

Het is zaterdagochtend maar George is op zijn kantoor. Hij heeft veel werk vandaag. Er is een wachtrij bij George's bureau. Er zijn veel studenten en arbeiders in de wachtrij. Ze hebben een baan nodig. Ze gaan één voor één George zijn bureau in. Ze spreken met George. Dan geeft hij adressen van firma's. Het is nu tijd voor een snack. George maakt een beetje koffie met de koffiemachine. Hij eet zijn snack en drinkt een beetje koffie. Er is nu geen wachtrij bij zijn kantoor. George kan naar huis gaan. Hij gaat de straat op. Het is zo mooi vandaag! George gaat naar huis. Hij haalt zijn kinderen en gaat naar het stadspark. Ze hebben daar een mooie tijd.

David buys a bike

It is Saturday morning. David goes to the bathroom. The bathroom is not big. There is a bath, a washer and a bathroom table there. David washes his face. Then he goes to the kitchen. There is a tea-maker on the kitchen table. David eats his breakfast. David's breakfast is not big. Then he makes some coffee with the coffee-maker and drinks it. He wants to go to a sport shop today. David goes into the street. He takes bus seven. It takes David a little time to go to the shop by bus.

David goes into the sport shop. He wants to buy a new sport bike. There are a lot of sport bikes there. They are black, blue and green. David likes blue bikes. He wants to buy a blue one. There is a queue in the shop. It takes David a lot of time to buy the bike. Then he goes to the street and rides the bike. He rides to the city centre. Then he rides from the city centre to the city park. It is so nice to ride a new sport bike!

It is Saturday morning but George is in his office. He has a lot of work today. There is a queue to George's office. There are many students and workers in the queue. They need a job. They go one by one into George's room. They speak with George. Then he gives addresses of firms. It is snack time now. George makes some coffee with the coffee maker. He eats his snack and drinks some coffee. There is no queue to his office now. George can go home. He goes into the street. It is so nice today! George goes home. He takes his children and goes to the city park. They have a nice time there.

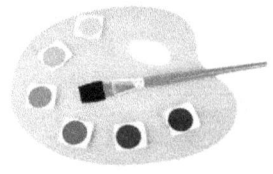

8

Linda wil een nieuwe DVD kopen
Linda wants to buy a new DVD

A

Woordenschat
Words

1. avontuur - adventure
2. dan - than; George is ouder dan Linda - George is older than Linda.
3. dat - that; Ik weet dat dit book interessant is. - I know that this book is interesting.
4. doos - box
5. duren - last, take; De film duurt langer dan drie uur. - The movie lasts more than three hours.
6. DVD - DVD
7. favoriete - favourite
8. favoriete film - favourite film
9. film - film
10. geven - give, hand
11. groot / groter / grootst - big / bigger / the biggest
12. interessant - interesting
13. jong - young
14. lang - long
15. meer - more
16. mok - cup
17. tonen - show
18. twintig - twenty
19. uur - hour
20. verkoper, verkoopster - shop assistant
21. videocassette - videocassette
22. videotheek - video-shop
23. vijftien - fifteen
24. vragen - ask
25. vriendelijk - friendly
26. weggaan - go away
27. zeggen - say

31

B

Linda wil een nieuwe DVD kopen

David en Nancy zijn Linda's kinderen. Nancy is het jongste kind. Ze is vijf jaar oud. David is vijftien jaar ouder dan Nancy. Hij is twintig. Nancy is veel jonger dan David.
Nancy, Linda en David zijn in de keuken. Ze drinken thee. Nancy's mok is groot. Linda's mok is groter. Davids mok is de grootste.
Linda heeft veel videocassettes en DVD's met interessante films. Ze wil een nieuwere film kopen. Ze gaat naar de videotheek. Er zijn daar veel dozen met videocassettes en DVD's . Ze vraagt een verkoopster om haar te helpen. De verkoopster geeft haar enkele cassettes. Linda wil meer weten over deze films maar de verkoopster gaat weg.
Er is nog één extra verkoopster in de winkel en zij is vriendelijker. Ze vraagt Linda naar haar favoriete films. Linda houdt van romantische films en avonturenfilms. De film Titanic is haar favoriete film. De verkoopster toont Linda een DVD met de nieuwste Hollywood film "De Duitse vriend". Het gaat over de romantische avonturen van een man en een jonge vrouw in de VS.
Ze toont Linda ook een DVD met de film "De firma". De verkoopster zegt dat de film "De firma" één van de meest interessante films is. En het is ook één van de langste films. Hij is meer dan drie uur lang. Linda houdt van langere films. Ze zegt dat "Titanic" de interessantste en langste film is die ze heeft. Linda koopt een DVD met de film "De firma". Ze bedankt de verkoopster en gaat.

Linda wants to buy a new DVD

David and Nancy are Linda's children. Nancy is the youngest child. She is five years old. David is fifteen years older than Nancy. He is twenty. Nancy is much younger than David. Nancy, Linda and David are in the kitchen. They drink tea. Nancy's cup is big. Linda's cup is bigger. David's cup is the biggest. Linda has a lot of videocassettes and DVDs with interesting films. She wants to buy a newer film. She goes to a video-shop. There are many boxes with videocassettes and DVDs there. She asks a shop assistant to help her. The shop assistant hands Linda some cassettes. Linda wants to know more about these films but the shop assistant goes away. There is one more shop assistant in the shop and she is friendlier. She asks Linda about her favorite films. Linda likes romantic films and adventure films. The film "Titanic" is her favorite film. The shop assistant shows Linda a DVD with the newest Hollywood film "The German Friend". It is about romantic adventures of a man and a young woman in the USA.
She shows Linda a DVD with the film "The Firm" as well. The shop assistant says that the film "The Firm" is one of the most interesting films. And it is one of the longest films as well. It is more than three hours long. Linda likes longer films. She says that "Titanic" is the most interesting and the longest film that she has. Linda buys a DVD with the film "The Firm". She thanks the shop assistant and goes.

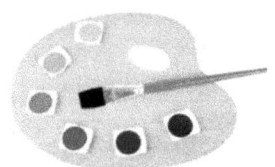

9

Paul luistert naar Duitse liedjes
Paul listens to German songs

A

Woordenschat
Words

1. beginnen - begin
2. boter -butter
3. brood - bread
4. buiten gebruik - out of order
5. callcenter - call centre
6. dag - day
7. dichtbij - near, nearby, next
8. elke - every
9. familie - family
10. heel - very
11. hoed - hat
12. hoofd - head; gaan - to head, to go
13. leuk vinden - like; Ik vind dat leuk. - I like that.
14. minuut - minute
15. naam - name
16. omdat - because
17. omgeving, nabijgelegen - nearness
18. ongeveer - about
19. rennen, lopen - run
20. simpel - simple
21. slaapzaal, studentenwoning - dorms
22. springen - jump
23. telefoneren - call on the phone
24. telefoon - telephone; telefoneren - to telephone
25. voor - before
26. tas, zak - bag
27. zich schamen - be ashamed; hij schaamt zich - he is ashamed
28. zin - phrase
29. zingen - sing; zanger - singer

B

Paul luistert naar Duitse liedjes

Carol is een student. Ze is twintig jaar. Carol komt uit Spanje. Ze leeft in de studentenwoning. Ze is een heel mooi meisje. Carol heeft een blauwe jurk aan. Op haar hoofd heeft ze een hoed.
Carol wil vandaag met haar familie telefoneren. Ze gaat naar de telefooncel want haar telefoon is buiten gebruik. De telefooncel is voor het café. Carol belt haar familie. Ze spreekt met haar moeder en vader. Het telefoongesprek duurt ongeveer vijf minuten. Dan belt ze haar vriendin Angela. Dit telefoongesprek duurt ongeveer drie minuten.

Robert houdt van sport. Hij loopt elke ochtend in het park dichtbij de studentenwoning. Hij loopt vandaag ook. Hij springt ook. Zijn sprongen zijn heel ver. Paul en David lopen en springen met Robert. Davids sprongen zijn verder. Pauls sprongen zijn de verste. Hij springt het best van allen. Dan lopen Robert en Paul naar de studentenwoning en David loopt naar huis.
Robert ontbijt in zijn kamer. Hij neemt brood en boter. Hij maakt koffie met de koffiemachine. Dan botert hij het brood en eet.
Robert leeft in de studentenwoning in San Francisco. Zijn kamer is dichtbij Pauls kamer. Roberts kamer is niet groot. Het is schoon omdat Robert elke dag schoonmaakt. Er is een tafel, een bed, een paar stoelen en een beetje meubilair in zijn kamer. Roberts boeken en notitieboeken liggen op tafel. Zijn tas ligt onder de tafel. De stoelen staan bij de tafel. Robert neemt een paar CD's in zijn hand en gaat naar Paul want Paul wil luisteren naar Duitse muziek.
Paul zit in zijn kamer aan de tafel. Zijn kat is onder de tafel. Er is een beetje brood voor de kat. De kat eet het brood. Robert geeft de CD's aan Paul. Op de CD's staat de beste Duitse muziek. Paul wil ook de namen weten van de Duitse zangers. Robert noemt zijn favoriete zangers. Hij noemt Blümchen, Nena en Herbert Grönemeyer. Deze namen zijn nieuw voor Paul.

Paul listens to German songs

Carol is a student. She is twenty years old. Carol is from Spain. She lives in the student dorms. She is a very nice girl. Carol has a blue dress on. There is a hat on her head. Carol wants to telephone her family today. She heads to the telephone booth because her telephone is out of order. The telephone booth is in front of the café. Carol calls her family. She speaks with her mother and father. The call takes her about five minutes. Then she calls her friend Angela. This call takes her about three minutes.

Robert likes sport. He runs every morning in the park near the dorms. He is running today too. He jumps as well. His jumps are very long. Paul and David are running and jumping with Robert. David's jumps are longer. Paul's jumps are the longest. He jumps best of all. Then Robert and Paul run to the dorms and David runs home.
Robert has his breakfast in his room. He takes bread and butter. He makes some coffee with the coffee-maker. Then he butters the bread and eats.
Robert lives in the dorms in San Francisco. His room is near Paul's room. Robert's room is not big. It is clean because Robert cleans it every day. There is a table, a bed, some chairs and some more furniture in his room. Robert's books and notebooks are on the table. His bag is under the table. The chairs are at the table. Robert takes some CDs in his hand and heads to Paul's because Paul wants to listen to German music.
Paul is in his room at the table. His cat is under the table. There is some bread for the cat. The cat eats the bread. Robert hands the CDs to Paul. There is the best German music on the CDs. Paul wants to know the names of the German singers as well. Robert names his favorite singers. He names Blümchen, Nena and Herbert Grönemeyer. These names are new to Paul.
He listens to the CDs and then begins to sing

Hij luistert naar de CD's en begint dan Duitse liedjes te zingen! Hij vindt deze liedjes heel leuk. Paul vraagt Robert om de woorden van de liedjes op te schrijven. Robert schrijft de woorden van de beste Duitse liedjes voor Paul op. Paul zegt dat hij de woorden van sommige liedjes wil leren en vraagt Robert om hem te helpen. Robert helpt Paul met het leren van de Duitse woorden. Dit duurt heel lang want Robert spreekt niet goed Engels. Robert schaamt zich. Hij kan sommige simpele zinnen niet uitspreken. Robert gaat dan naar zijn kamer en leert Engels.

the German songs! He likes these songs very much. Paul asks Robert to write the words of the songs. Robert writes the words of the best German songs for Paul. Paul says that he wants to learn the words of some songs and asks Robert to help. Robert helps Paul to learn the German words. It takes a lot of time because Robert cannot speak English well. Robert is ashamed. He cannot say some simple phrases! Then Robert goes to his room and learns English.

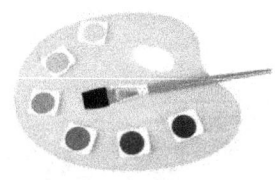

10

Paul koopt vakboeken over design
Paul buys textbooks on design

A

Woordenschat
Words

1. bekijken - look
2. betalen - pay
3. dag, bye - bye
4. design - design
5. enkel - only
6. enkele - any
7. foto - picture
8. goed - fine
9. hallo - hello
10. hem - him
11. kiezen - choose
12. kijken - see
13. kosten - cost
14. les - lesson
15. programma - program
16. soort - kind, type
17. studeren - study
18. taal - language; moedertaal - native language
19. uitleggen - explain
20. universiteit - college
21. vakboeken - textbook
22. werkelijk - really

B

Paul koopt vakboeken over design

Paul buys textbooks on design

Paul is Canadees en Engels is zijn moedertaal. Hij studeert design aan de universiteit in San Francisco. Het is zaterdag vandaag en Paul heeft veel vrije tijd.

Paul is Canadian and English is his native language. He studies design at college in San Francisco. It is Saturday today and Paul has a lot of free

Hij wil enkele boeken over design kopen. Hij gaat naar de nabijgelegen boekenwinkel. Zij kunnen vakboeken over design hebben. Hij komt in de winkel en bekijkt de tafels met boeken. Een vrouw komt naar Paul. Zij is een verkoopster.
"Hallo. Kan ik je helpen?" vraagt de verkoopster.
"Hallo" zegt Paul, "Ik studeer design aan de universiteit. Ik heb enkele vakboeken nodig. Heb je enkele vakboeken over design?" vraagt Paul haar.
"Welk soort design? We hebben enkele vakboeken over meubeldesign, autodesign, sportdesign, en webdesign" legt ze aan hem uit.
"Kan je me enkele vakboeken over meubeldesign en webdesign tonen?" zegt Paul tegen haar.
"Je kan de boeken kiezen van de volgende tafels. Bekijk ze. Dit is een boek van de Italiaanse meubeldesigner Palatino. Deze designer legt het design van Italiaanse meubels uit. Hij legt ook het meubeldesign uit Europa en de VS uit. Er zijn daar enkele mooie foto's" legt de verkoopster uit.
"Ik zie dat er ook enkele lessen in het boek zijn. Dit boek is heel goed. Hoeveel kost het?" vraagt Paul haar.
"Het kost 52 dollars. En bij het boek zit ook een CD. Er is een computerprogramma voor meubeldesign op de CD zegt de verkoopster.
"Ik vind het heel leuk" zegt Paul.
"Je kan daar enkele vakboeken over webdesign zien." legt de vrouw hem uit. " Dit boek gaat over het computerprogramma Microsoft Office. En deze boeken gaan over het computerprogramma Flash. Bekijk dit rode boek. Het gaat over Flash en heeft enkele interessante lessen. Kies maar, alsjeblieft."
"Hoeveel kost dit rode boek?" vraagt Paul haar.
"Dit boek met twee CD's kost slechts 43 dollar." zegt de verkoopster hem.
"Ik wil dit boek van Palantino over meubeldesign en dit rode boek over flash kopen. Hoeveel moet ik voor hen betalen?" vraagt Paul.
"Je moet 95 dollar betalen voor deze twee boeken" zegt de verkoopster hem.
Paul betaalt. Dan neemt hij de boeken en de CD's.
"Tot ziens" zegt de verkoopster tegen hem.
"Tot ziens" zegt Paul tegen haar en gaat.

time. He wants to buy some books on design. He goes to the nearby book shop. They may have some textbooks on design. He comes into the shop and looks at the tables with books. A woman comes to Paul. She is a shop assistant.
"Hello. Can I help you?" the shop assistant asks him.
"Hello," Paul says, "I study design at college. I need some textbooks. Do you have any textbooks on design?" Paul asks her.
"What kind of design? We have some textbooks on furniture design, car design, sport design, internet design," she explains to him.
"Can you show me some textbooks on furniture design and internet design?" Paul says to her.
"You can choose the books from the next tables. Look at them. This is a book by Italian furniture designer Palatino. This designer explains the design of Italian furniture. He explains the furniture design of Europe and the USA as well. There are some fine pictures there." the shop assistant explains.
"I see there are some lessons in the book too. This book is really fine. How much is it?" Paul asks her.
"It costs 52 dollars. And with the book you have a CD. There is a computer program for furniture design on the CD," the shop assistant says to him.
"I really like it," Paul says.
"You can see some textbooks on internet design there," the woman explains to him, "This book is about the computer program Microsoft Office. And these books are about the computer program Flash. Look at this red book. It is about Flash and it has some interesting lessons. Choose, please."
"How much is this red book?" Paul asks her.
"This book, with two CDs, costs only 43 dollars," the shop assistant says to him.
"I want to buy this book by Palatino about furniture design and this red book about Flash. How much must I pay for them?" Paul asks.
"You need to pay 95 dollars for these two books," the shop assistant says to him.
Paul pays. Then he takes the books and the CDs.
"Bye," the shop assistant says to him.
"Bye," Paul says to her and goes.

11

Robert wil een beetje geld verdienen (deel 1)
Robert wants to earn some money (part 1)

 A

Woordenschat
Words

1. aankomst - finish; aankomen - to finish
2. antwoorden - answer
3. begrijpen - understand
4. beter - better
5. dag - day; dagelijks - daily
6. deel - part
7. doos - box
8. duidelijk - OK, well
9. energie - energy
10. laden - load; lader - loader
11. lijst - list
12. moeilijk - hard
13. na - after
14. nog één - one more
15. normaal - usual; usually
16. notitie - note
17. nummer - number
18. personeelsafdeling - personnel department
19. snel - quick, quickly
20. transport - transport
21. truck - truck
22. uur - hour; per uur - hourly
23. uur - o'clock; Het is twee uur - It is two o'clock.
24. verdienen - earn; Ik verdien 10 dollar per uur. - I earn 10 dollars per hour.
25. wordt vervolgd - be continued

B

Robert wil een beetje geld verdienen (deel 1)

Robert heeft dagelijks vrije tijd na de lessen. Hij wil een beetje geld verdienen. Hij gaat naar een uitzendbureau. Zij geven hem het adres van een transportfirma. De transportfirma *Rapid* zoekt een lader. Dit werk is heel zwaar. Maar ze betalen 11 dollar per uur. Robert wil deze job nemen. Dus hij gaat naar het bureau van de transportfirma.
"Hallo. Ik heb een notitie voor jou van het uitzendbureau." zegt Robert tegen een vrouw in de personeelsafdeling van de firma. Hij geeft haar de notitie.
"Hallo" zegt de vrouw, "Mijn naam is Margaret Bird. Ik ben het hoofd van de personeelsafdeling. Wat is jouw naam?"
"Mijn naam is Robert Genscher" zegt Robert.
"Ben jij Amerikaans?" vraagt Margaret.
"Nee. Ik ben Duits" antwoord Robert.
"Kan je goed Engels spreken en lezen?" vraagt ze.
"Ja, dat kan ik" zegt hij.
"Hoe oud ben je, Robert?" vraagt ze
"Ik ben twintig jaar" antwoordt Robert.
"Wil je werken voor de transportfrma als lader?" vraagt het hoofd van de personeelsafeling hem.
Robert schaamt zich om te zeggen dat hij geen betere baan kan vinden omdat hij niet goed Engels spreekt. Dus zegt hij "Ik wil elf dollar per uur verdienen."
"Wel, wel" zegt Margaret, "Onze transportfirma heeft normaal niet veel laadwerk. Maar nu hebben we echt één extra lader nodig. Kan je snel dozen van 20 kilogram laden?"
"Ja. Ik heb veel energie" antwoordt Robert.
"We hebben dagelijks een lader nodig voor drie uur. Kan je werken van vier tot zeven uur?" vraagt ze.
"Ja, mijn lessen eindigen om één uur" antwoordt de student haar.
"Wanneer kan je met het werk beginnen?" vraagt het hoofd van de personeelsafdeling hem.
"Ik kan nu beginnen" antwoordt Robert.

Robert wants to earn some money (part 1)

Robert has free time daily after college. He wants to earn some money. He heads to a job agency. They give him the address of a transport firm. The transport firm Rapid needs a loader. This work is really hard. But they pay 11 dollars per hour. Robert wants to take this job. So he goes to the office of the transport firm.
"Hello. I have a note for you from a job agency," Robert says to a woman in the personnel department of the firm. He gives her the note.
"Hello," the woman says. "My name is Margaret Bird. I am the head of the personnel department. What is your name?"
"My name is Robert Genscher" Robert says.
"Are you American?" Margaret asks.
"No. I am German," Robert answers.
"Can you speak and read English well?" she asks.
"Yes, I can," he says.
"How old are you, Robert?" she asks.
"I am twenty years old," Robert answers.
"Do you want to work at the transport firm as a loader?" the head of the personnel department asks him.
Robert is ashamed to say that he cannot have a better job because he cannot speak English well. So he says: "I want to earn 11 dollars per hour."
"Well-well," Margaret says, "Our transport firm usually does not have much loading work. But now we really need one more loader. Can you load quickly boxes with 20 kilograms of load?"
"Yes, I can. I have a lot of energy," Robert answers.
"We need a loader daily for three hours. Can you work from four to seven o'clock?" she asks.
"Yes, my lessons finish at one o'clock," the student answers to her.
"When can you begin the work?" the head of the personnel department asks him.
"I can begin now," Robert answers.
"Well. Look at this loading list. There are some

"Wel, bekijk deze laadlijst. Er staan enkele namen van firma's en winkels op deze lijst." legt Margaret uit. "Elke firma en winkel heeft enkele nummers. Dat zijn nummers van de dozen. En dit zijn de nummers van de trucks waar je deze dozen moet laden. De trucks komen en gaan elk uur. Dus je moet snel werken. Ok?"
"Ok" antwoordt Robert, Margaret niet goed verstaand.
"Nu, neem deze laadlijst en ga naar laaddeur nummer drie" zegt het hoofd van de personeelsafdeling tegen Robert. Robert neemt de laadlijst en gaat aan het werk.
(wordt vervolgd)

names of firms and shops in the list," Margaret explains, "Every firm and shop has some numbers. They are numbers of the boxes. And these are numbers of the trucks where you must load these boxes. The trucks come and go hourly. So you need to work quickly. OK?"
"OK," Robert answers, not understanding Margaret well.
"Now take this loading list and go to the loading door number three," the head of the personnel department says to Robert. Robert takes the loading list and goes to work.
(to be continued)

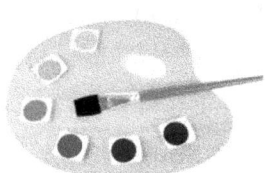

12

Robert wil een beetje geld verdienen (deel 2)
Robert wants to earn some money (part 2)

 A

Woordenschat
Words

1. brengen - bring
2. chauffeur - driver
3. correct - correct, correctly; corrigeren - to correct
4. fout, verkeerd - incorrectly
5. gelukkig, blij - glad
6. haten - hate
7. hier - here (a place), here (a direction)
8. hier is - here is
9. hun - their
10. in plaats van - instead of; in plaats van jou - instead of you
11. jouw - your
12. leraar - teacher
13. maandag - Monday
14. mama, moeder - mom, mother
15. Mijnheer, Mr. - mister, Mr.
16. ontmoeten - meet
17. opstaan - get up; Sta op! - Get up!
18. reden - reason
19. rijden - drive
20. slecht - bad
21. spijt hebben - be sorry; Het spijt me - I am sorry.
22. terug - back
23. wandelen - walk
24. zoon - son

B

Robert wil een beetje geld verdienen (deel 2)

Er zijn veel trucks bij laaddeur nummer drie. Ze komen terug met hun lading. Het hoofd van de personeelsafdeling en het hoofd van de firma komen erheen. Ze gaan naar Robert. Robert is dozen in de truck aan het laden. Hij werkt snel.
"Hey Robert! Kom alstublieft hierheen." roept Margaret, "Dit is het hoofd van de firma, Mr. Profit."
"Ik ben blij om je te ontmoeten" zegt Robert naar hen toegaand.
"Insgelijks" antwoord Mr. Profit, "Waar is je laadlijst?"
"Hij is hier" Robert geeft hem de laadlijst.
"Wel wel" zegt Mr. Profit kijkend in de lijst, "Kijk naar deze trucks. Zij komen terug met hun lading omdat je de dozen verkeerd hebt geladen. Deze dozen met boeken werden naar een meubelwinkel gebracht in plaats van de boekenwinkel, de dozen met videocassettes en DVD's naar een café in plaats van de videotheek en de dozen met sandwiches naar de videotheek in plaats van het café! Dit is slecht werk. Sorry maar je kan niet voor onze firma werken" zegt Mr. Profit en wandelt terug naar zijn bureau. Robert kan de dozen niet correct laden omdat hij heel weinig Engelse woorden kan lezen en verstaan. Margaret kijkt naar hem. Robert schaamt zich.
"Robert, je kan je Engels verbeteren en dan terugkomen. Ok?" zegt Margaret.
"Ok" antwoordt Robert "Tot ziens Margaret"
"Tot Ziens Robert" antwoordt Margaret.
Robert gaat naar huis. Hij wil nu zijn Engels verbeteren en dan een nieuwe baan zoeken.

Het is tijd om naar de universiteit te gaan

Maandagochtend komt er een moeder in de kamer en wekt haar zoon.
"Sta op, het is zeven uur. Het is tijd om naar de universiteit te gaan!"
"Maar waarom, Moeder? Ik wil niet gaan."
"Noem me twee redenen waarom je niet wil gaan."

Robert wants to earn some money (part 2)

There are many trucks at the loading door number three. They are coming back bringing back their loads. The head of the personnel department and the head of the firm come there. They come to Robert. Robert is loading boxes in a truck. He is working quickly.
"Hey, Robert! Please, come here," Margaret calls him, "This is the head of the firm, Mr. Profit."
"I am glad to meet you," Robert says coming to them.
"I too," Mr. Profit answers. "Where is your loading list?"
"It is here," Robert gives him the loading list.
"Well-well," Mr. Profit says looking in the list, "Look at these trucks. They are coming back bringing back their loads because you load the boxes incorrectly. The boxes with books go to a furniture shop instead of the book shop, the boxes with videocassettes and DVDs go to a café instead of the video shop, and the boxes with sandwiches go to a video shop instead of the café! It is bad work! Sorry but you cannot work at our firm," Mr. Profit says and walks back to the office.
Robert cannot load boxes correctly because he can read and understand very few English words. Margaret looks at him. Robert is ashamed.
"Robert, you can learn English better and then come again. OK?" Margaret says.
"OK," Robert answers, "Bye Margaret."
"Bye Robert," Margaret answers.
Robert walks home. He wants to learn English better now and then take a new job.

It is time to go to college
Monday morning a mother comes into the room to wake up her son.
"Get up, it is seven o'clock. It is time to go to college!"
"But why, Mom? I don't want to go."
"Name me two reasons why you don't want to go," the mother says to the son.

zegt de moeder tegen de zoon.
"De studenten haten mij en de leraars haten me ook!"
"Oh, dat zijn geen redenen om niet naar de universiteit te gaan. Sta op"
"Ok, noem me twee redenen waarom ik naar de universiteit moet" zegt hij tegen zijn moeder.
"Wel, ten eerste, je bent 55jaar oud. En ten tweede ben je het hoofd van de universiteit. Sta nu op!"

"The students hate me for one and the teachers hate me too!"
"Oh, they are not reasons not to go to college. Get up!"
"OK. Name me two reasons why I must go to college," he says to his mother.
"Well, for one, you are 55 years old. And for two, you are the head of the college! Get up now!"

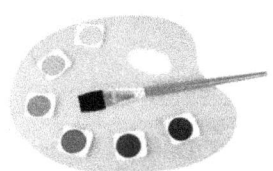

First Dutch Reader
Pre-intermediate level

13

De naam van het hotel
The name of the hotel

A

Woordenschat
Words

1. advertentie - advert
2. al - already
3. avond - evening
4. boven, over - over, across
5. brug - bridge
6. dan - then
7. dom - silly
8. door - through
9. een andere - another
10. gaan - walk
11. kwaad - angry
12. lach - smile
13. lachen - to smile
14. lift - lift
15. meer - lake
16. moe - tired
17. naar beneden - down
18. nacht - night
19. nu - now
20. openen - open
21. opnieuw - again
22. Polen - Poland
23. rond - round
24. slapen - sleep
25. staan - stand
26. stoppen - stop
27. taxi - taxi
28. taxichauffeur - taxi driver
29. te voet - on foot
30. tonen - show
31. verleden - past
32. verrassen - to surprise
33. verrassing - surprise
34. verrast - surprised
35. vinden - find
36. voet - foot
37. weg - away
38. weg - way
39. zien - see

B

De naam van het hotel

Dit is een student. Zijn naam is Kasper. Kasper komt uit Polen. Hij spreekt geen Engels. Hij wil Engels leren aan een universiteit in de VS. Kasper leeft nu in een hotel in San Francisco.
Hij is nu in zijn kamer. Hij bekijkt de kaart. De kaart is heel goed. Kasper ziet straten, pleinen en winkels op de kaart. Hij verlaat de kamer en gaat door de lange gang naar de lift. De lift neemt hem naar beneden. Kasper gaat door de grote hal en verlaat het hotel. Hij stopt dichtbij het hotel en schrijft de naam van het hotel in zijn notitieboek.
Er is een rond plein en een meer bij het hotel. Kasper loopt over het plein naar het meer. Hij wandelt rond het meer naar de brug. Veel auto's, trucks en mensen gaan over de brug. Kasper gaat onder de brug. Dan wandelt hij door een straat naar het stadscentrum. Hij loopt langs veel mooie gebouwen. Het is al avond. Kasper is moe en hij wil terug naar het hotel. Hij stopt een taxi, opent dan zijn notitieboek en toont de naam van het hotel aan de taxichauffeur. De taxichauffeur kijkt in het notitieboek, lacht en rijdt weg. Kasper kan het niet begrijpen. Hij kijkt in zijn notitieboek. Dan stopt hij een andere taxi en toont opnieuw de naam van het hotel aan de taxichauffeur. De chauffeur kijkt in het notitieboek. dan bekijkt hij Kasper, lacht en rijdt ook weg.
Kasper is verrast. Hij stopt een andere taxi. Maar deze taxi rijdt ook weg. Kasper begrijpt het niet. Hij is verrast en kwaad. Maar hij is niet dom. Hij opent de kaart en vindt de weg naar het hotel. Hij gaat te voet terug naar het hotel.
Het is nacht. Kasper ligt in zijn bed. Hij slaapt. De sterren schijnen in zijn kamer door het venster. Het notitieboek ligt op tafel. Het is open. "Ford is de beste auto". Dit is niet de naam van het hotel. Dit is een advertentie op het hotel.

The name of the hotel

This is a student. His name is Kasper. Kasper is from Poland. He cannot speak English. He wants to learn English at a college in the USA. Kasper lives in a hotel in San Francisco now.
He is in his room now. He is looking at the map. This map is very good. Kasper sees streets, squares and shops on the map. He goes out of the room and through the long corridor to the lift. The lift takes him down. Kasper goes through the big hall and out of the hotel. He stops near the hotel and writes the name of the hotel into his notebook.
There is a round square and a lake at the hotel. Kasper goes across the square to the lake. He walks round the lake to the bridge. Many cars, trucks and people go over the bridge. Kasper goes under the bridge. Then he walks along a street to the city centre. He goes past many nice buildings.
It is evening already. Kasper is tired and he wants to go back to the hotel. He stops a taxi, then opens his notebook and shows the name of the hotel to the taxi driver. The taxi driver looks in the notebook, smiles and drives away. Kasper cannot understand it. He stands and looks in his notebook. Then he stops another taxi and shows the name of the hotel to the taxi driver again. The driver looks in the notebook. Then he looks at Kasper, smiles and drives away too.
Kasper is surprised. He stops another taxi. But this taxi drives away too. Kasper cannot understand it. He is surprised and angry. But he is not silly. He opens his map and finds the way to the hotel. He comes back to the hotel on foot.
It is night. Kasper is in his bed. He is sleeping. The stars are looking into the room through the window. The notebook is on the table. It is open. "Ford is the best car". This is not the name of the hotel. This is an advert on the building of the hotel.

14

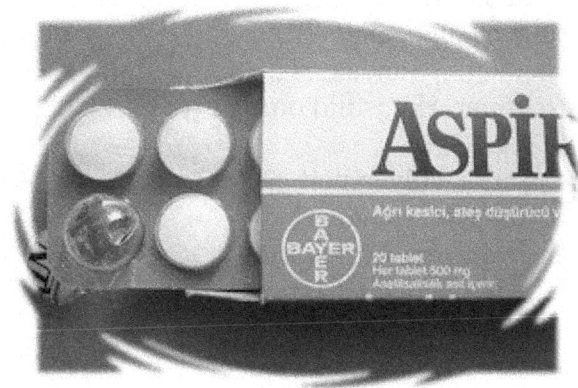

Aspirine
Aspirin

Woordenschat
Words

1. aankomen - get (somewhere)
2. apotheek - pharmacy
3. aspirine - aspirin
4. blad - sheet (of paper)
5. chemicaliën - chemicals
6. chemie - chemistry
7. chemisch - chemical *(adj)*
8. dat - that *(conj)*
9. denken - think
10. enkele - some
11. grijs - grey
12. half - half; half negen - at half past eight
13. horloge - watch
14. iets - something
15. jongen - guy
16. klaslokaal - classroom
17. krijgen - get (something)
18. kristal - crystal
19. lessenaar - desk
20. na - past
21. natuurlijk - of course
22. neerzitten - sit down
23. om één uur - at one o'clock
24. oplossing - solution, answer
25. papier - paper
26. pauze - break, pause
27. pil - pill
28. prachtig - wonderful
29. proberen - try
30. slagen voor een test - to pass a test
31. slim - smart
32. stinkend - stinking
33. studentenhuis - dorms
34. taak - task
35. test - test; testen - to test
36. tien - ten
37. uiteindelijk - at last
38. vaak - often
39. voor - for
40. wit - white

B

Aspirine

Dit is Roberts vriend. Zijn naam is Paul. Paul komt uit Canada. Engels is zijn moedertaal. Hij kan ook heel goed Frans. Paul leeft in een studentenhuis. Paul is nu in zijn kamer. Paul heeft een chemietest vandaag. Hij kijkt naar zijn horloge. Het is acht uur. Het is tijd om te gaan.
Paul gaat naar buiten. Hij gaat naar de universiteit. De universiteit is dicht bij het sudentenhuis. Het duurt ongeveer tien minuten om naar de universiteit te gaan. Paul gaat naar het chemielokaal. Hij opent de deur en kijkt in het klaslokaal. Er zijn daar enkele studenten en de leraar. Paul komt in het klaslokaal.
"Hallo" zegt hij.
"Hallo" antwoorden de leraar en leerlingen.
Paul komt bij zijn lessenaar en zit neer. De chemietest begint om half negen. De leraar komt tot bij Pauls lessenaar.
"Hier is jouw taak" zegt de leraar. Dan geeft hij Paul een blad papier met de taak. "Je moet een aspirine maken. Je kan werken van half negen tot twaalf uur. Begin aub" zegt de leraar.
Paul kent deze taak. Hij neemt enkele chemicaliën en begint. Hij werkt voor tien minuten. Uiteindelijk krijgt hij iets grijs en stinkend. Dit is geen goede aspirine. Paul weet dat hij grote witte kristallen aspirine moet krijgen. Hij probeert opnieuw en opnieuw. Paul werkt een uur maar hij krijgt opnieuw iets grijs en stinkend. Paul is kwaad en moe. Hij begrijpt het niet. Hij stopt en denkt een beetje na. Paul is een slimme jongen. Hij denkt na voor één minuut en vindt het antwoord. Hij staat op.
"Mag ik tien minuten pauze nemen?" vraagt Paul de leraar.
"Natuurlijk mag dat," antwoordt de leraar.
Paul gaat naar buiten. Hij vindt een apotheek dichtbij de universiteit. Hij gaat erheen en koopt enkele aspirinepillen. Na tien minuten komt hij terug in het klaslokaal. De studenten zitten en werken. Paul gaat zitten.
"Mag ik de test beëindigen?" zegt Paul tegen de leraar na vijf minuten.
De leraar komt naar Pauls lessenaar. Hij ziet grote

witte kristallen aspirine. De leraar stopt verrast. Hij bekijkt de aspirine één minuut.
"Het is fantastisch! Jouw aspirine ziet er zo mooi uit! Maar ik snap het niet! Ik probeer vaak om aspirine te maken en ik krijg enkel iets grijs en stinkend," zegt de leraar, "Je bent geslaagd" zegt hij.
Paul vertrekt na de test. De leraar ziet iets wit op Pauls lessenaar. Hij gaat naar de lessenaar en vindt het papier van de aspirinepillen.
"Slimme kerel. Ok, Paul. Nu heb je een probleem." zegt de leraar.

The teacher comes to Paul's desk. He sees big white crystals of aspirin. The teacher stops in surprise. He stands and looks at aspirin for a minute.
"It is wonderful! Your aspirin is so nice! But I cannot understand it! I often try to get aspirin and I get only something grey and stinking," the teacher says, "You passed the test," he says.
Paul goes away after the test. The teacher sees something white at Paul's desk. He comes to the desk and finds the paper from the aspirin pills.
"Smart guy. Ok, Paul. Now you have a problem," the teacher says.

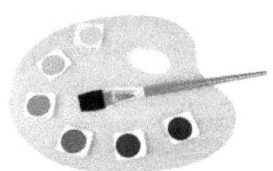

15

Nancy en de kangoeroe
Nancy and the kangaroo

A

Woordenschat
Words

1. aap - monkey
2. arm - poor
3. boekenkast - bookcase
4. dierentuin - zoo
5. emmer - pail
6. gelukkig - happy
7. haar - hair
8. Hey! - Hey!
9. huilen - cry
10. ijs - ice-cream
11. jaar - year
12. kangoeroe - kangaroo
13. laat ons - let us
14. lastig vallen - bother
15. leeuw - lion
16. mij - me
17. nat - wet
18. Oh! - Oh!
19. okay, goed - okay, well
20. ons - us
21. oor - ear
22. plan - plan
23. plannen - to plan
24. pop - doll
25. samen - together
26. slaan - hit, beat
27. speelgoed - toy
28. staart - tail
29. sterk - strong, strongly
30. stil - quietly
31. studeren - study
32. tijger - tiger
33. trekken - pull
34. val - fall
35. vallen - to fall
36. vol - full

37. wanneer - when
38. wat, welke - what; Wat is dat? - What is this? Welke tafel? What table?
39. water - water
40. wijd - wide, widely
41. zebra - zebra
42. zijn - its *(for neuter)*

Nancy en de kangoeroe

Nancy and the kangaroo

Robert is nu een student. Hij studeert aan de universiteit. Hij studeert Engels. Robert leeft in een studentenhuis. Hij is Pauls buurman.
Robert is nu in zijn kamer. Hij pakt de telefoon en belt zijn vriend David.
"Hallo," David beantwoordt de telefoon.
"Hallo David. Dit is Robert. Hoe gaat het?" zegt Robert.
"Hallo Robert. Het gaat goed. Bedankt. Hoe gaat het met jou" antwoordt David.
"Met mij gaat het ook goed. Bedankt. Ik ga wandelen. Wat zijn jouw plannen vandaag?" zegt Robert.
"Mijn zus, Nancy, vraagt om haar mee te nemen naar de dierentuin. Ik neem haar nu mee. Laten we samen gaan." zegt David.
"Okay. Ik ga met je mee. Waar spreken we af" vraagt Robert.
"We spreken af aan de bushalte Olympic. En vraag Paul of hij ook wil meekomen." zegt David.
"Okay. Doei" antwoordt Robert.
"Tot straks, doei" zegt David.
Dan gaat Robert naar Pauls kamer. Paul is in zijn kamer.
"Hallo" zegt Robert.
"Oh hallo Robert. Kom binnen aub" zegt Paul. Robert gaat binnen.
"David, zijn zus en ik gaan naar de dierentuin. Ga je mee met ons?" vraagt Robert.
"Natuurlijk ga ik ook mee!" zegt Paul.
Robert en Paul rijden naar de bushalte Olympic. Zij zien daar David en zijn zus Nancy. Davids zus is slechts vijf jaar oud. Ze is een klein meisje en vol energie. Ze houdt heel veel van dieren. Maar Nancy denkt dat dieren speelgoed zijn. De dieren lopen weg van haar omdat ze, ze teveel lastig valt. Ze trekt aan een staart of oor, slaat met een hand of met speelgoed.

Robert is a student now. He studies at a college. He studies English. Robert lives at the dorms. He lives next door to Paul's.
Robert is in his room now. He takes the telephone and calls his friend David.
"Hello," David answers the call.
"Hello David. It is Robert here. How are you?" Robert says.
"Hello Robert. I am fine. Thanks. And how are you?" David answers.
"I am fine too. Thanks. I will go for a walk. What are your plans for today?" Robert says.
"My sister Nancy asks me to take her to the zoo. I will take her there now. Let us go together," David says.
"Okay. I will go with you. Where will we meet?" Robert asks.
"Let us meet at the bus stop Olympic. And ask Paul to come with us too," David says.
"Okay. Bye," Robert answers.
"See you. Bye," David says.
Then Robert goes to Paul's room. Paul is in his room.
"Hello," Robert says.
"Oh, hello Robert. Come in, please," Paul says. Robert comes in.
"David, his sister and I will go to the zoo. Will you go together with us?" Robert asks.
"Of course, I will go too!" Paul says.
Robert and Paul drive to the bus stop Olympic. They see David and his sister Nancy there.
David's sister is only five years old. She is a little girl and she is full of energy. She likes animals very much. But Nancy thinks that animals are toys. The animals run away from her because she bothers them very much. She can pull tail or ear, hit with a hand or with a toy. Nancy has a dog and a cat at home. When

Nancy heeft een hond en kat thuis. Wanneer Nancy thuis is, zit de hond onder het bed en de kat op de boekenkast. Zo kan ze niet aan hen.
Nancy, David, Robert en Paul gaan binnen in de dierentuin.
Er zijn veel dieren in de dierentuin. Nancy is heel gelukkig. Ze rent naar de leeuw en de tijger. Ze slaat de zebra met haar pop. Ze trekt zo hard aan de staart van een aap, dat alle apen huilend weglopen. Dan ziet Nancy een kangoeroe. De Kangoeroe drinkt water uit een emmer. Nancy lacht en gaat heel traag naar de kangoeroe. En dan...
"Hey!! Kangoeroeeeee!!" roept Nancy en trekt aan zijn staart. De kangoeroe kijkt naar Nancy met wijd open ogen. Hij springt verrast op zodat de emmer met water door de lucht vliegt en op Nancy valt. Water loopt langs haar haar, gezicht en jurk. Nancy is helemaal nat.
"Je bent een slechte kangoeroe! Slecht!" schreeuwt ze. Enkele mensen lachen en enkele mensen zeggen: " Arm kind" David brengt Nancy naar huis.
"Je moet geen dieren lastig vallen" zegt David en geeft haar een ijsje. Nancy eet het ijsje.
"Okay, ik zal niet spelen met grote en kwade dieren" denkt Nancy, "Ik zal enkel spelen met kleine dieren" Ze is weer gelukkig.

Nancy is at home the dog is under a bed and the cat sits on the bookcase. So she cannot get them.
Nancy, David, Robert and Paul come into the zoo.
There are many animals in the zoo. Nancy is very happy. She runs to the lion and to the tiger. She hits the zebra with her doll. She pulls the tail of a monkey so strong that all the monkeys run away crying. Then Nancy sees a kangaroo. The kangaroo drinks water from a pail. Nancy smiles and comes to the kangaroo very quietly. And then...
"Hey!! Kangaroo-oo-oo!!" Nancy cries and pulls its tail. The kangaroo looks at Nancy with wide open eyes. It jumps in surprise so that the pail with water flies up and falls on Nancy. Water runs down her hair, her face and her dress. Nancy is all wet.
"You are a bad kangaroo! Bad!" she cries. Some people smile and some people say: "Poor girl." David takes Nancy home.
"You must not bother the animals." David says and gives an ice-cream to her. Nancy eats the ice-cream.
"Okay. I will not play with very big and angry animals." Nancy thinks, "I will play with little animals only." She is happy again.

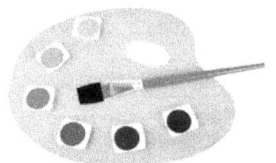

16

Parachutisten
Parachutists

 A

Woordenschat
Words

1. aandoen - put on
2. airshow - airshow
3. andere - other
4. binnen - inside
5. broek - trousers
6. club - club
7. dak - roof
8. deel - part
9. dicht - close
10. doen - do
11. duwen - push
12. echt - real
13. éénvoudig - just
14. eigen - own
15. geel - yellow
16. gekleed - dressed
17. geloven - believe; zijn ogen niet geloven - to not believe one's eyes
18. gevuld - stuffed; gevulde parachute, valsschermspringerspop - stuffed parachutist
19. jas - jacket
20. kleding - clothes
21. landen - land
22. leven - life
23. levensreddende truc - life-saving trick
24. lid - member
25. lucht - air
26. metaal - metal
27. na - after
28. negen - nine
29. of - if
30. over - over
31. overigens - by the way
32. parachute - parachute
33. parachutist - parachutist

34. piloot - pilot
35. publiek - audience
36. redden - save
37. rood - red
38. rubber - rubber
39. stil - silent, silently
40. super, tof - great
41. team - team
42. trainen - train; getraind - trained
43. truc - trick
44. uitstappen - get off
45. vader - daddy
46. vallen - fallen
47. vallend - falling
48. vangen - catch
49. vliegtuig - airplane
50. voorbereiden - prepare
51. woedend - angrily
52. zetel - seat; gaan zitten - take a seat
53. zijn - be

Parachutisten

Parachutists

Het is ochtend. Robert gaat naar Pauls kamer. Paul zit aan tafel en schrijft iets. Pauls favoriete kat zit op Pauls bed. Het slaapt rustig.
"Mag ik binnenkomen?" vraagt Robert.
"Oh, Robert. Kom binnen aub. Hoe gaat het?" vraagt Paul.
"Goed, bedankt. Hoe gaat het met jou?" vraagt Robert.
"Het gaat goed. Bedankt. Ga zitten aub" antwoordt Paul.
Robert zit op een stoel.
"Je weet dat ik lid ben van een parachuteclub. We hebben vandaag een airshow." zegt Robert, "Ik zal daar enkele sprongen maken."
"Dat is heel interessant." antwoordt Paul, "Ik kom wellicht kijken naar de airshow."
"Als je wil, kan ik je meenemen en kan je vliegen in een vliegtuig" zegt Robert.
"Echt? Dat zou super zijn! zegt Paul, "Hoe laat is de airshow?"
"Het begint om tien uur 's morgens." antwoordt Robert "David zal ook komen. We hebben trouwens iemand nodig om een valsschermspringerspop uit het vliegtuig te duwen. Zal je helpen?
"Valsschermspringerspop? Waarom?" zegt Paul verrast.
"Weet je, het is een deel van de show." zegt Robert, "Het is een levensreddende truc. De valsschermspringerspop valt naar beneden. Op dat moment vliegt een echte parachutist er naartoe, vangt het en opent zijn eigen parachute. De "man" is gered!"
"Super!" antwoordt Paul, "Ik zal helpen. Laten we

It is morning. Robert comes to Paul's room. Paul is sitting at the table and writing something. Paul's cat Favorite is on Paul's bed. It is sleeping quietly.
"May I come in?" Robert asks.
"Oh, Robert. Come in please. How are you?" Paul answers.
"Fine. Thanks. How are you?" Robert says.
"I am fine. Thanks. Sit down, please," Paul answers.
Robert sits on a chair.
"You know I am a member of a parachute club. We are having an airshow today," Robert says. "I am going to make some jumps there."
"It is very interesting," Paul answers, "I may come to see the airshow."
"If you want I can take you there and you can fly in an airplane," Robert says.
"Really? That will be great!" Paul cries. "What time is the airshow?"
"It begins at ten o'clock in the morning," Robert answers, "David will come too. By the way we need help to push a stuffed parachutist out of the airplane. Will you help?"
"A stuffed parachutist? Why?" Paul says in surprise.
"You see, it is a part of the show," Robert says, "This is a life-saving trick. The stuffed parachutist falls down. At this time a real parachutist flies to it, catches it and opens his own parachute. The "man" is saved!"

gaan."
Paul en Robert gaan naar buiten. Ze komen bij de busstop Olympic en nemen de bus. Het duurt slechts tien minuten om naar de airshow te gaan. Wanneer ze uitstappen zien ze David.
"Hallo David" zegt Robert "Laten we naar het vliegtuig gaan."
Ze zien het parachuteteam bij het vliegtuig. Ze gaan naar het hoofd van het team. Het hoofd van het team is gekleed in een rode broek en een rode jas.
"Hallo Martin," zegt Robert, "Paul en David willen helpen met de levensreddende truc."
"Okay. De valsschermspringerspop is hier" zegt Martin. Hij geeft hen de valsschermspringerspop. De valsschermspringerspop is gekleed in een rode broek en een rode jas.
"Het is gekleed zoals jou" zegt David lachend tegen Martin.
"We hebben geen tijd om erover te praten" zegt Martin, "Laadt het in het vliegtuig."
Paul en David laden de valsschermspringerspop in het vliegtuig. Ze gaan naast de piloot zitten. Iedereen van het parachuteteam behalve het hoofd stapt in het vliegtuig. Ze sluiten de deur. Binnen vijf minuten is het vliegtuig in de lucht. Wanneer het over San Francisco vliegt, ziet David zijn huis.
"Kijk! Daar is mijn huis!" roept David.
Paul kijkt door het venster naar de straten, pleinen en parken van de stad. Het is prachtig om te vliegen in een vliegtuig.
"Maak je klaar om te springen!" roept de piloot. De parachutisten staan recht. Ze openen de deur.
"Tien. Negen. Acht. Zeven. Zes. Vijf. Vier. Drie. Twee. Eén. Ga!" roept de piloot.
De parachutisten beginnen te springen uit het vliegtuig. Het publiek beneden op de grond zien rode, groene, witte, blauwe en gele parachuten. Het ziet er heel mooi uit. Martin het hoofd van het parachuteteam kijkt ook naar boven. De parachutisten vliegen naar beneden en sommigen zijn al aan het landen.
"Okay. Goed werk jongens," zegt Martin en gaat naar het dichtsbijzijnde café om koffie te drinken. De airshow gaat verder.
"Bereid je voor op de levensreddende truc!" roept de piloot.
David en Paul brengen de valsschermspringerspop naar

"Great!" Paul answers, "I will help. Let's go!"
Paul and Robert go outside. They come to the bus stop Olympic and take a bus. It takes only ten minutes to go to the airshow. When they get off the bus, they see David.
"Hello David," Robert says, "Let's go to the airplane."
They see a parachute team at the airplane. They come to the head of the team. The head of the team is dressed in red trousers and a red jacket.
"Hello Martin," Robert says, "Paul and David will help with the life-saving trick."
"Okay. The stuffed parachutist is here," Martin says. He gives them the stuffed parachutist. The stuffed parachutist is dressed in red trousers and a red jacket.
"It is dressed like you," David says smiling to Martin.
"We have no time to talk about it," Martin says, "Take it into this airplane."
Paul and David take the stuffed parachutist into the airplane. They take seats at the pilot. All the parachute team but its head gets into the airplane. They close the door. In five minutes the airplane is in the air. When it flies over San Francisco David sees his own house.
"Look! My house is there!" David cries.
Paul looks through the window at streets, squares, and parks of the city. It is wonderful to fly in an airplane.
"Prepare to jump!" the pilot cries. The parachutists stand up. They open the door.
"Ten, nine, eight, seven, six, five, four, three, two, one. Go!" the pilot cries.
The parachutists begin to jump out of the airplane. The audience down on the land sees red, green, white, blue, yellow parachutes. It looks very nice. Martin, the head of the parachute team is looking up too. The parachutists are flying down and some are landing already.
"Okay. Good work guys," Martin says and goes to the nearby café to drink some coffee. The airshow goes on.
"Prepare for the life-saving trick!" the pilot cries.
David and Paul take the stuffed parachutist

de deur.
"Tien. Negen. Acht. Zeven. Zes. Vijf. Vier. Drie. Twee. Eén. Ga!" roept de piloot.
David en Paul duwen de valsschermspringerspop door de deur. Het gaat naar buiten maar stopt dan. Zij rubberen hand blijft hangen aan een metalen stuk van het vliegtuig.
"Ga ga jongens!" roept de piloot.
De jongens duwen de valsschermspringerspop heel hard maar ze krijgen het er niet uit.
Het publiek beneden op de grond ziet een man gekleed in het rood in de deur van het vliegtuig hangen. Twee mannen proberen hem eruit te duwen. De mensen geloven hun ogen niet. Het duurt bijna een minuut. Dan valt de parachutist in het rood naar beneden. Een andere parachutist springt uit het vliegtuig en probeert hem te vangen. Maar hij kan het niet. De parachutist in het rood valt naar beneden. Het valt door het dak in het café. Het publiek kijkt stilzwijgend toe. Dan zien de mensen een man in het rood uit het café lopen. Deze man in het rood is Martin, het hoofd van het parachuteteam. Hij kijkt naar boven en roept kwaad, "als je een man niet kan vangen, probeer het dan niet!"
Het publiek is stil.
"Papa, deze man is heel sterk" zegt een klein meisje tegen haar vader.
"Hij is goed getraind" zegt de vader.
Na de airshow gaan Paul en David naar Robert.
"Hoe was ons werk?" vraagt David.
"ah...oh, Het is heel goed. Bedankt" antwoord Robert.
"Als je hulp nodig hebt, moet je het maar zeggen" zegt Paul.

to the door.
"Ten, nine, eight, seven, six, five, four, three, two, one. Go!" the pilot cries.
Paul and David push the stuffed parachutist through the door. It goes out but then stops. Its rubber "hand" catches on some metal part of the airplane.
"Go-go boys!" the pilot cries.
The boys push the stuffed parachutist very strongly but cannot get it out.
The audience down on the land sees a man dressed in red in the airplane door. Two other men are trying to push him out. People cannot believe their eyes. It goes on about a minute. Then the parachutist in red falls down. Another parachutist jumps out of the airplane and tries to catch it. But he cannot do it. The parachutist in red falls down. It falls through the roof inside of the café. The audience looks silently. Then the people see a man dressed in red run outside of the café. This man in red is Martin, the head of the parachutist team. But the audience thinks that he is that falling parachutist. He looks up and cries angrily, "If you cannot catch a man then do not try it!"
The audience is silent.
"Daddy, this man is very strong," a little girl says to her dad.
"He is well trained," the dad answers.
After the airshow Paul and David go to Robert.
"How is our work?" David asks.
"Ah... Oh, it is very good. Thank you," Robert answers.
"If you need some help just say," Paul says.

17

Draai het gas uit!
Turn the gas off!

A

Woordenschat
Words

1. alles - everything
2. bel - ring; bellen, rinkelen - to ring
3. bevel - order
4. bevriezen - freeze
5. bleek - pale
6. draaien - turn; aandoen - turn on; uitdoen - turn off
7. elf - eleven
8. gas - gas
9. gevoel - feeling
10. handset - phone handset
11. ketel - kettle
12. kilometer - kilometer
13. kleuterschool - kindergarten
14. kraan - tap
15. moment - moment
16. ondertussen - meanwhile
17. onmiddellijk - immediately
18. opeens - suddenly
19. opvullen - fill up
20. poes - pussycat
21. sandwich - sandwich
22. secretaresse - secretary
23. sluw - sly, slyly
24. snel - quick, quickly
25. spreiden - spread
26. stem - voice
27. ticket - ticket
28. trein - train
29. treinstation - railway station
30. twintig - twenty
31. vergeten - forget
32. vierenveertig - forty-four
33. voorzichtig - careful

34. vreemd - strange
35. vuur - fire
36. warm - warm; opwarmen - warm up
37. wie - who
38. willen - will
39. woonkamer - living
40. zeggen - tell, say
41. zo - so

B

Draai het gas uit!

Turn the gas off!

Het is zeven uur 's ochtends. David en Nancy slapen. Hun moeder is in de keuken. De moeders naam is Linda. Linda is vierenveertig jaar oud. Ze is een voorzichtige vrouw. Linda kuist de keuken vooraleer ze gaat werken. Ze is secretaresse. Ze werkt twintig kilometer van San Francisco. Linda gaat normaal naar haar werk met de trein.
Ze gaat naar buiten. Het treinstation is dichtbij, dus Linda gaat te voet. Ze koopt een ticket en gaat per trein. Het duurt ongeveer twintig minuten om naar haar werk te gaan. Linda zit in de trein en kijkt door het venster.
Opeens bevriest ze. De ketel! Het staat op het fornuis en ze is vergeten om het gas uit te draaien. David en Nancy slapen. Het vuur kan zich verspreiden over de meubels en dan… Linda wordt bleek. Maar ze is een slimme vrouw en binnen de minuut weet ze wat te doen. Ze vraagt een vrouw en een man die dichtbij zitten om naar haar huis te bellen en het David te vertellen van de ketel.
Ondertussen staat David op, wast hij zich en gaat naar de keuken. Hij neemt de ketel van de tafel en vult het met water en zet het op het fornuis. Dan neemt hij brood en boter en maakt sandwiches. Nancy komt in de keuken.
"Waar is mijn kleine poes? vraagt ze.
"Ik weet het niet," antwoordt David, "Ga naar de badkamer en was je gezicht. We zullen thee drinken en broodjes eten. Dan breng ik je naar de kleuterschool."
Nancy wil zich niet wassen. "Ik kan de waterkraan niet open draaien" zegt ze sluw.
"Ik zal je helpen" zegt haar broer. Op dit moment rinkelt de telefoon. Nancy loopt snel naar de telefoon en neemt de handset.
"Hallo, dit is de dierentuin. En wie ben jij?" zegt ze. David neemt de handset van haar en zegt "Hallo. Dit is

It is seven o'clock in the morning. David and Nancy are sleeping. Their mother is in the kitchen. The mother's name is Linda. Linda is forty-four years old. She is a careful woman. Linda cleans the kitchen before she goes to work. She is a secretary. She works twenty kilometers away from San Francisco. Linda usually goes to work by train.
She goes outside. The railway station is nearby, so Linda goes there on foot. She buys a ticket and gets on a train. It takes about twenty minutes to go to work. Linda sits in the train and looks out of the window.
Suddenly she freezes. The kettle! It is standing on the cooker and she forgot to turn the gas off! David and Nancy are sleeping. The fire can spread on the furniture and then... Linda turns pale. But she is a smart woman and in a minute she knows what to do. She asks a woman and a man, who sit nearby, to telephone her home and tell David about the kettle.
Meanwhile David gets up, washes and goes to the kitchen. He takes the kettle off the table, fills it up with water and puts it on the cooker. Then he takes bread and butter and makes sandwiches. Nancy comes into the kitchen.
"Where is my little pussycat?" she asks.
"I do not know," David answers. "Go to the bathroom and wash your face. We will drink some tea and eat some sandwiches now. Then I will take you to the kindergarten."
Nancy does not want to wash. "I cannot turn on the water tap," she says slyly.
"I will help you," her brother says. At this moment the telephone rings. Nancy runs quickly to the telephone and takes the handset.
"Hello, this is the zoo. And who are you?" she says. David takes the handset from her

David"
"Bent u David Tweeter die woont op elf Queen straat?" zegt de stem van een onbekende vrouw?
"Ja" antwoordt David.
"Ga naar de keuken en draai onmiddellijk het gas uit!" roept de vrouw.
"Wie ben je? Waarom moet ik het gas uitdraaien?" vraagt David verrast.
"Doe het nu!" beveelt de vrouw.
David draait het gas uit. Nancy en David bekijken de ketel verrast.
"Ik snap het niet" zegt David, "Hoe kan deze vrouw weten dat we thee willen drinken?"
"Ik heb honger" zegt zijn zus, "wanneer zullen we eten?"
"Ik heb ook honger," zegt David en draait het gas opnieuw aan. Op dit moment rinkelt de telefoon opnieuw.
"Hallo," zegt David.
"Bent u David Tweeter die woont op elf Queen straat?" vraagt de stem van een onbekende man?
"Ja" antwoordt David.
"Draai het gasfornuis onmiddellijk uit! Wees voorzichtig!" beveelt de stem.
"Okay," zegt David en draait het gas opnieuw uit.
"Laten we naar de kleuterschool gaan," zegt David tegen Nancy aanvoelend dat ze geen thee zullen drinken vandaag.
"Nee. Ik wil thee en brood met boter," zegt Nancy kwaad.
"Wel, laten we proberen om de ketel opnieuw op te warmen, zegt haar broer en draait het gas aan.
Dan rinkelt de telefoon en deze keer is het hun moeder die hen beveelt om het gas uit te draaien. Dan legt ze alles uit. Eindelijk drinken Nancy en David thee en gaan ze naar de kleuterschool.

and says, "Hello. This is David."
"Are you David Tweeter living at eleven Queen street?" the voice of a strange woman asks.
"Yes," David answers.
"Go to the kitchen immediately and turn the gas off!" the woman's voice cries.
"Who are you? Why must I turn the gas off?" David says in surprise.
"Do it now!" the voice orders.
David turns the gas off. Nancy and David look at the kettle in surprise.
"I do not understand," David says, "How can this woman know that we will drink tea?"
"I am hungry," his sister says, "When will we eat?"
"I am hungry too," David says and turns the gas on again. At this minute the telephone rings again.
"Hello," David says.
"Are you David Tweeter who lives at eleven Queen street?" the voice of a strange man asks.
"Yes," David answers.
"Turn off the cooker gas immediately! Be careful!" the voice orders.
"Okay," David says and turns the gas off again.
"Let's go to the kindergarten," David says to Nancy feeling that they will not drink tea today.
"No. I want some tea and bread with butter," Nancy says angrily.
"Well, let's try to warm up the kettle again," her brother says and turns the gas on.
The telephone rings and this time their mother orders to turn the gas off. Then she explains everything. At last Nancy and David drink tea and go to the kindergarten.

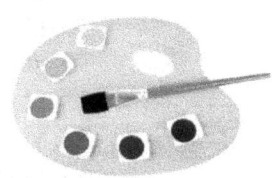

18

Een uitzendbureau
A job agency

A

Woordenschat
Words

1. aanbevelen - recommend
2. akkoord gaan - agree
3. als - as
4. arm - arm
5. consultant - consultant
6. consulteren - consult
7. denkwerk - mental work
8. dodelijk - deadly
9. elektrisch - electric
10. elkaar kennen - know each other
11. ernstig - seriously
12. ervaring - experience
13. grijs - grey
14. half - half
15. handenarbeid - manual work
16. helper - helper
17. hetzelfde - the same; tegelijkertijd - at the same time
18. individueel - individually
19. kabel - cable
20. laten - let
21. lopen - running
22. matras - mattress
23. nummer - number
24. ook - also
25. per uur - per hour
26. positie - position
27. publiceren - publishing
28. schudden - shake
29. stad - town
30. sterk - strong, strongly
31. stroom - current
32. veelzijdig - all-round
33. verhaal - story
34. verward - confused
35. vijftien - fifteen
36. vloer - floor

37. voorzichtig - carefully; aandachtig luisteren - listen carefully
38. was - was
39. zeker - sure
40. zestig - sixty
41. zorgen - worry; Maak je geen zorgen! - Do not worry!

Een uitzendbureau

A job agency

Op een dag gaat Paul naar Roberts kamer en ziet zijn vriend schuddend liggen op zijn bed. Paul ziet elektrische draden lopen van Robert naar de elektrische ketel. Paul gelooft dat Robert een dodelijke stroomstoot gekregen heeft. Hij gaat snel naar het bed, neemt de matras en trekt er hard aan. Robert valt op de vloer. Dan staat hij op en bekijkt Paul verrast.
"Wat is er?" vraagt Robert
"Je lag aan de elektrische stroom" zegt Paul.
"Nee, ik luisterde naar muziek," zegt Robert en toont zijn cd-speler.
"Oh, het spijt me," zegt Paul verward.
"Het is ok. Trek het je niet aan," antwoordt Robert stil terwijl hij zijn broek schoonmaakt.
"David en ik gaan naar het uitzendbureau. Wil je meegaan met ons?" vraagt Paul.
"Zeker. Laten we samen gaan," zegt Robert.
Ze gaan samen naar buiten en nemen bus nummer zeven. Het duurt hen ongeveer vijftien minuten om naar het uitzendbureau te gaan. David is er al. Ze gaan in het gebouw. Er is een lange wachtrij naar het kantoor van het uitzendbureau. Ze staan in de wachtrij. Binnen een halfuur komen ze in het kantoor. Er staat een tafel en enkele boekenkasten in de kamer. Een grijze man zit aan de tafel. Hij is ongeveer zestig jaar.
"Kom binnen jongens!' zegt hij vriendelijk, "Ga zitten aub."
David, Robert en Paul gaan zitten.
"Mijn naam is George Estimator. Ik ben een jobconsultant. Normaal spreek ik individueel met bezoekers. Maar aangezien jullie allemaal studenten zijn en elkaar kennen, kan ik jullie samen bevragen. Gaan julle akkoord?"
"Ja mijnheer" zegt David, "We hebben dagelijks drie of vier uur vrije tijd. We moeten banen vinden voor die tijd, meneer."

One day Paul goes to Robert's room and sees that his friend is lying on the bed shaking. Paul sees some electrical cables running from Robert to the electric kettle. Paul believes that Robert is under a deadly electric current. He quickly goes to the bed, takes the mattress and pulls it strongly. Robert falls to the floor. Then he stands up and looks at Paul in surprise.
"What was it?" Robert asks.
"You were on electrical current," Paul says.
"No, I was listening to the music," Robert says and shows his CD player.
"Oh, I am sorry," Paul says. He is confused.
"It's okay. Do not worry," Robert answers quietly cleaning his trousers.
"David and I go to a job agency. Do you want to go with us?" Paul asks.
"Sure. Let's go together," Robert says.
They go outside and take the bus number seven. It takes them about fifteen minutes to go to the job agency. David is already there. They come into the building. There is a long queue to the office of the job agency. They stand in the queue. In half an hour they come into the office. There is a table and some bookcases in the room. A gray-headed man is sitting at the table. He is about sixty years old.
"Come in guys!" he says friendly, "Take seats, please."
David, Robert and Paul sit down.
"My name is George Estimator. I am a job consultant. Usually I speak with visitors individually. But as you are all students and know each other I can consult you all together. Do you agree?"
"Yes, sir," David says, "We have three or four hours of free time every day. We need to find jobs for that time, sir."
"Well, I have some jobs for students. And you

"Wel ik heb enkele banen voor studenten. En neem aub je cd-speler af," zegt Mr. Estimator tegen Robert.
"Ik kan tegelijkertijd luisteren naar jou en de muziek." zegt Robert.
"Als je serieus een baan wil, neem dan de cd-speler af en luister aandachtig naar wat ik zeg," zegt Mr. Estimator, "Nu wat soort baan zoeken jullie? Zoek je denkwerk of handenarbeid?"
"Ik kan elk werk doen." zegt Paul, "Ik ben sterk. Wil je voelen?" zegt hij en zet zijn arm op Mr. Estimators tafel.
"Dit is hier geen sportclub maar als je echt wil…" zegt Mr Estimator. Hij zet zijn arm op tafel en duwt snel Pauls arm naar beneden. "Zoals je ziet jongen, moet je niet enkel sterk maar ook slim zijn."
"Ik kan ook denkwerk doen mijnheer," zegt Paul opnieuw. Hij wil heel graag een baan hebben. "Ik kan verhalen schrijven. Ik heb enkele verhalen over mijn thuisstad."
"Dat is heel interessant," zegt Mr Estimator. Hij neemt een blad papier, "De uitgever All-round zoekt een jonge helper voor een schrijverspositie. Ze betalen negen dollar per uur."
"Cool!" zegt Paul, "Mag ik proberen?"
"Natuurlijk. Hier is hun telefoonnummer en hun adres," zegt Mr. Estimator en geeft een blad papier aan Paul.
"En jullie jongens kunnen een baan kiezen op een boerderij, bij een computerfirma, bij een krant of in een supermarkt. Aangezien jullie geen ervaring hebben, raad ik jullie aan te beginnen op een boerderij. Ze zoeken twee arbeiders." zegt Mr. Estimator tegen David en Robert.
"Hoeveel betalen ze" vraagt David.
"Laat me kijken…" Mr. Estimator kijkt in de computer, "Ze zoeken arbeiders voor drie of vier uur per dag en ze betalen zeven dollar per uur. Zaterdagen en Zondagen zijn vrije dagen. Ga je akkoord?" vraagt hij.
"Ik ga akkoord" zegt David.
"Ik ga ook akkoord" zegt Robert.
"Wel, pak het telefoonnummer en het adres van de boerderij," zegt Mr. Estimator en geeft hen een blad papier.
"Bedankt mijnheer" zeggen de jongens en gaan naar buiten.

take off your player," Mr. Estimator says to Robert.
"I can listen to you and to music at the same time," Robert says.
"If you seriously want to get a job take the player off and listen carefully to what I say," Mr. Estimator says, *"Now guys say what kind of job do you need? Do you need mental or manual work?"*
"I can do any work," Paul says, *"I am strong. Want to arm?"* he says and puts his arm on Mr. Estimator's table.
"It is not a sport club here but if you want…" Mr. Estimator says. He puts his arm on the table and quickly pushes down Paul's arm, *"As you see son, you must be not only strong but also smart."*
"I can work mentally too, sir," Paul says again. He wants to get a job very much. *"I can write stories. I have some stories about my native town."*
"This is very interesting," Mr. Estimator says. He takes a sheet of paper. *"The publishing house "All-round" needs a young helper for a writing position. They pay nine dollar per hour."*
"Cool!" Paul says, *"Can I try?"*
"Sure. Here are their telephone number and their address," Mr. Estimator says and gives a sheet of paper to Paul.
"And you guys can choose a job on a farm, in a computer firm, on a newspaper or in a supermarket. As you do not have any experience I recommend you to begin to work in a farm. They need two workers," Mr. Estimator says to David and Robert.
"How much do they pay?" David asks.
"Let me see…" Mr. Estimator looks into the computer, *"They need workers for three or four hours a day and they pay seven dollars per hour. Saturdays and Sundays are days off. Do you agree?"* he asks.
"I agree," David says.
"I agree too," Robert says.
"Well. Take the telephone number and the address of the farm," Mr. Estimator says and gives a sheet of paper to them.
"Thank you, sir," the boys say and go outside.

19

David en Robert wassen de truck (deel 1)
David and Robert wash the truck (part 1)

Woordenschat
Words

1. aankomen - arrive
2. achtste - eighth
3. controleren - check
4. derde - third
5. dichtbij - close
6. dichter - closer
7. doos - box
8. drijven - float
9. eerst - at first
10. eigenaar - owner
11. gebruiken - use
12. golf - wave
13. groter - bigger
14. kust - seashore
15. laden - load
16. langs - along
17. lossen - unload
18. machine - machine
19. meter - meter
20. motor - engine
21. negende - ninth
22. passend - suitable
23. rem - brake
24. remmen - to brake
25. rijbewijs - driving license
26. rollen - pitch
27. schip - ship
28. schoonmaken - clean
29. stappen - step
30. starten - start

31. sterkte - strength
32. straat - road
33. tiende - tenth
34. traag - slowly
35. tuin - yard
36. tweede - second
37. veel - lot
38. veld - field
39. ver - far
40. verder - further
41. vierde - fourth
42. vijfde - fifth
43. voorste - front; voorwielen - front wheels
44. vrij - quite
45. wachten - wait
46. wassen - wash
47. werkgever - employer
48. wiel - wheel
49. zaad - seed
50. zee - sea
51. zesde - sixth
52. zevende - seventh

David en Robert wassen de truck (deel 1)

David en Robert werken nu op de boerderij. Ze werken elke dag drie of vier uur. Het werk is redelijk zwaar. Ze moeten elke dag veel werken. Ze maken de boerderij elke tweede dag schoon. Ze wassen de machines elke derde dag. Elke vierde dag werken ze in de velden. De werkgever zijn naam is Daniel Tough. Mr. Tough is de eigenaar van de boederij en hij doet het meeste werk. Mr. Tough werkt heel hard. Hij laadt dozen met zaden in de truck, brengt ze naar de boerderij en lost ze op de boerderij.
"Hey jongens, beëindig het wassen van de machines, neem de truck en ga naar transportfirma Rapid," zegt Mr Tough, "Ze hebben een lading voor me. Laad de dozen met de zaden in de truck, breng het naar de boederij en los het in de boerderij. Doe het snel want ik heb de zaden nodig vandaag. En vergeet de truck niet te wassen.
"Okay" zegt David. Ze beëindigen het schoonmaken van de truck. David heeft een rijbewijs dus rijdt hij met de truck. Hij start de motor en rijdt in het begin traag door de boerderij, dan sneller op de weg. Transportfirma Rapid is niet ver van de boerderij. Ze arriveren binnen vijftien minuten. Ze kijken daar voor ladingdeur nummer tien.
David rijdt de truck voorzichtig door de laadzone. Ze passeren de eerste ladingdeur, voorbij de tweede ladingdeur, voorbij de derde, voorbij de vierde, voorbij

David and Robert wash the truck (part 1)

David and Robert are working on a farm now. They work three or four hours every day. The work is quite hard. They must do a lot of work every day. They clean the farm yard every second day. They wash the farm machines every third day. Every fourth day they work in the farm fields.
Their employer's name is Daniel Tough. Mr. Tough is the owner of the farm and he does most of the work. Mr. Tough works very hard. He also gives a lot of work to David and Robert.
"Hey boys, finish cleaning the machines, take the truck and go to the transport firm Rapid," Mr. Tough says, "They have a load for me. Load boxes with the seed in the truck, bring them to the farm, and unload in the farm yard. Do it quickly because I need to use the seed today. And do not forget to wash the truck".
"Okay," David says. They finish cleaning and get into the truck. David has a driving license so he drives the truck. He starts the engine and drives at first slowly through the farm yard, then quickly along the road. The transport firm Rapid is not far from the farm. They arrive there in fifteen minutes. They look for the loading door number ten there.
David drives the truck carefully through the loading yard. They go past the first loading door, past the second loading door, past the third, past the fourth, past the fifth, past the

66

de vijfde, voorbij de zesde, voorbij de zevende, voorbij de achtste en dan voorbij de negende ladingdeur. David rijdt naar de tiende ladingdeur en stopt.

"We moeten eerst de ladinglijst controleren" zegt Robert die al een beetje ervaring heeft met laadlijsten bij deze transportfirma. Hij gaat naar de lader bij de deur en geeft hem de laadlijst. De lader laadt snel vijf dozen in hun truck. Robert controleert voorzichtig de dozen.

"De nummers zijn correct. We kunnen nu gaan" zegt Robert.

"Okay" zegt David en start de motor, " Ik denk dat we nu de truck kunnen wassen. Er is een geschikte plaats niet ver van hier."

Binnen vijf minuten arriveren ze aan de kust.

"Wil je de truck hier wassen?" vraagt Robert verrast.

"Ja het is een mooie plaats niet? zegt David.

"En waar zullen we een emmer nemen?" vraagt Robert.

"We hebben geen emmer nodig. Ik zal tot dicht bij de zee rijden. We zullen water uit de zee nemen." zegt David en rijdt tot dicht bij het water. De voorste wielen zijn al in het water en de golven vloeien over hen.

"Laten we uitstappen en beginnen met wassen" zegt Robert.

"Wacht een minuut. Ik zal nog een beetje dichter rijden" zegt David en rijdt nog één of twee meter verder, "dit is beter."

Dan komt een grotere golf en het water tilt de truck een beetje op en voert de truck traag verder in zee.

"Stop! David, stop de truck!" roept Robert, "We staan al in het water! stop aub!"

"Het wil niet stoppen!!" roept David terwijl hij op de rem trapt met al zijn kracht, "Ik kan het niet stoppen!"

De truck drijft traag verder in zee, rollend op de golven zoals een klein schip.

(wordt vervolgd)

sixth, past the seventh, past the eighth, then past the ninth loading door. David drives to the tenth loading door and stops.

"We must check the loading list first," Robert says who already has some experience with loading lists at this transport firm. He goes to the loader who works at the door and gives him the loading list. The loader loads quickly five boxes into their truck. Robert checks the boxes carefully. All numbers on the boxes have numbers from the loading list.

"Numbers are correct. We can go now," Robert says.

"Okay," David says and starts the engine, "I think we can wash the truck now. There is a suitable place not far from here".

In five minutes they arrive to the seashore.

"Do you want to wash the truck here?" Robert asks in surprise.

"Yeah! It is a nice place, isn't it?" David says.

"And where will we take a pail?" Robert asks.

"We do not need any pail. I will drive very close to the sea. We will take the water from the sea," David says and drives very close to the water. The front wheels go in the water and the waves run over them.

"Let's get out and begin washing," Robert says.

"Wait a minute. I will drive a bit closer," David says and drives one or two meters further, "It is better now."

Then a bigger wave comes and the water lifts the truck a little and carries it slowly further into the sea.

"Stop! David, stop the truck!" Robert cries, "We are in the water already! Please, stop!"

"It will not stop!!" David cries stepping on the brake with all his strength, "I cannot stop it!!"

The truck is slowly floating further in the sea pitching on the waves like a little ship.

(to be continued)

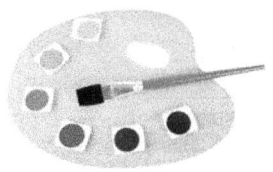

20

David en Robert wassen de truck (deel 2)
David and Robert wash the truck (part 2)

A

Woordenschat
Words

1. bevrijden - set free
2. ceremonie - ceremony
3. constant - constant
4. controle - control
5. drijven - floating
6. fotograferen - photograph; fotograaf - photographer
7. gebeuren - happen
8. gebeurt - happened
9. geld - money
10. geleden - ago; een jaar geleden - a year ago
11. genezen, behandelen - rehabilitate
12. genezing, behandeling - rehabilitation
13. genieten - enjoy
14. gewild - wanted
15. informeren - inform
16. journalist - journalist
17. kust - shore
18. lachen - laugh
19. lieve, geachte - dear
20. links - left
21. morgen - tomorrow
22. nooit - never
23. olie - oil
24. ongeval - accident
25. prachtig - wonderful
26. rechts - right
27. redden - rescue; reddingsdienst - rescue service
28. schoongemaakt - cleaned
29. situatie - situation
30. slikken - swallow
31. speech - speech
32. sturen - steer
33. tanker - tanker
34. vijfentwintig - twenty-five
35. vloeien - flow
36. voederen - feed
37. vogel - bird

38. voorbeeld - example; bijvoorbeeld - for example
39. vuur - fire
40. walvis - whale, orka - killer whale
41. waren - were
42. wind - wind
43. zwemmen - swim

B

David en Robert wassen de truck (deel 2)

De truck drijft traag verder in zee, rollend op de golven zoals een klein schip. David stuurt naar links en rechts door op de rem en gas te trappen. Maar hij kan de truck niet onder controle houden. Een sterke wind duwt ze langs de kust. David en Robert weten niet wat te doen. Ze zitten en kijken door de vensters. Zeewater begint naar binnen te sijpelen.
"Laten we naar buiten gaan en op het dak zitten." zegt Robert.
Ze zitten op het dak.
"Ik vraag me af wat Mr. Tough zal zeggen." zegt Robert.
De truck drijft traag ongeveer twintig meter weg van de kust. Sommige mensen op het strand stoppen en kijken verrast.
"Mr Tough zal ons wel ontslaan" antwoordt David.

Ondertussen komt het hoofd van de universiteit aan in zijn kantoor. De secretaresse zegt dat er een ceremonie zal zijn vandaag. Ze zullen twee zeevogels bevrijden na hun behandeling. Werknemers van het behandelingscentrum verwijderden olie van hen na een ongeval met de tanker Gran Pollucion. Het ongeval gebeurde één maand geleden. Mr. Kite moet er een speech geven. De ceremonie begint in vijfentwintig minuten.
Mr. Kite en zijn secretaresse nemen een taxi en arriveren in tien minuten op de plaats van de ceremonie. De twee vogels zijn er al. Nu zijn ze niet zo wit als gewoonlijk. Maar ze kunnen opnieuw zwemmen en vliegen. Er zijn daar nu veel mensen, journalisten en fotografen. Binnen twee minuten begint de ceremonie. Mr. Kite begint zijn speech.
"Geachte vrienden!" zegt hij, "Het ongeval met de tanker Gran Pollucion gebeurde hier een maand geleden. We moeten nu veel vogels en dieren genezen.

David and Robert wash the truck (part 2)

The truck is floating slowly further in the sea pitching on the waves like a little ship. David is steering to the left and to the right stepping on the brake and gas. But he cannot control the truck. A strong wind is pushing it along the seashore. David and Robert do not know what to do. They are just sitting, looking out of the windows. The sea water begins to run inside.
"Let's go out and sit on the roof." Robert says.
They sit on the roof.
"What will Mr. Tough say, I wonder?" Robert says.
The truck is floating slowly about twenty meters away from the shore. Some people on the shore stop and look at it in surprise.
"Mr. Tough may fire us," David answers.

Meanwhile the head of the college Mr. Kite comes to his office. The secretary says to him that there will be a ceremony today. They will set free two sea birds after rehabilitation. Workers of the rehabilitation centre cleaned oil off them after the accident with the tanker Gran Pollución. The accident happened one month ago. Mr. Kite must make a speech there. The ceremony begins in twenty-five minutes.
Mr. Kite and his secretary take a taxi and in ten minutes arrive to the place of the ceremony. These two birds are already there. Now they are not so white as usually. But they can swim and fly again now. There are many people, journalists, photographers there now. In two minutes the ceremony begins. Mr. Kite begins his speech.
"Dear friends!" he says, "The accident with the tanker Gran Pollución happened at this place a month ago. We must rehabilitate many

Het kost veel geld. Bijvoorbeeld, de behandeling van elk van deze vogels kost 5.000 dollar. Ik ben blij om jullie te informeren dat na één maand van behandeling deze twee prachtige vogels worden vrijgelaten."
Twee mannen nemen de doos met de vogels, brengen het naar het water en openen de doos. De vogels gaan uit de doos en springen in het water en zwemmen. De fotografen nemen foto's. De journalisten vragen de werknemers van het behandelingscentrum over de dieren.
Ineens komt er een grote orka en eet de twee vogels op en verdwijnt terug. Alle mensen kijken naar de plaats waar de vogels waren. Het hoofd van de universiteit gelooft zijn ogen niet. De orka komt opnieuw omhoog en zoekt meer vogels. Aangezien er geen andere vogels zijn, verdwijnt hij weer. Mr. Kite moet nu zijn speech beëindigen.
"Ah…," hij zoekt de geschikte woorden, "De prachtige, constante stroom van het leven stopt nooit. Grotere dieren eten kleinere dieren enzovoort… ah… wat is dat?" zegt hij kijkend naar het water. Alle menen kijken en zien een grote truck drijven langs de kust rollend op de golven zoals een schip. Twee kerels zitten er op en kijken naar de plaats van de ceremonie.
"Hallo Mr. Kite," zegt Robert, "Waarom voeder je orka's met vogels?"
"Hallo Robert" antwoordt Mr. Kite "Wat doen jullie jongens?"
"We wilden de truck wassen" antwoordt David.
"Dat zie ik," zegt Mr. Kite. Sommige mensen beginnen van de situatie te genieten. Ze beginnen te lachen.
"Wel, ik zal de reddingsdiensten nu bellen. Ze zullen je uit het water helpen. En ik wil je morgen in mijn kantoor zien." zegt het hoofd van de universiteit en belt de reddingsdienst.

birds and animals now. It costs a lot of money. For example the rehabilitation of each of these birds costs 5,000 dollars! And I am glad to inform you now that after one month of rehabilitation these two wonderful birds will be set free."
Two men take a box with the birds, bring it to the water and open it. The birds go out of the box and then jump in the water and swim. The photographers take pictures. The journalists ask workers of the rehabilitation centre about the animals.
Suddenly a big killer whale comes up, quickly swallows those two birds and goes down again. All the people look at the place where the birds were before. The head of the college does not believe his eyes. The killer whale comes up again looking for more birds. As there are no other birds there, it goes down again. Mr. Kite must finish his speech now.
"Ah…." he chooses suitable words, "The wonderful constant flow of life never stops. Bigger animals eat smaller animals and so on… ah… what is that?" he says looking at the water. All the people look there and see a big truck floating along the shore pitching on the waves like a ship. Two guys sit on it looking at the place of the ceremony.
"Hello Mr. Kite," Robert says, "Why are you feeding killer whales with birds?"
"Hello Robert," Mr. Kite answers, "What are you doing there boys?"
"We wanted to wash the truck," David answers.
"I see," Mr. Kite says. Some of the people begin to enjoy this situation. They begin to laugh.
"Well, I will call the rescue service now. They will get you out of the water. And I want to see you in my office tomorrow," the head of the college says and calls the rescue service.

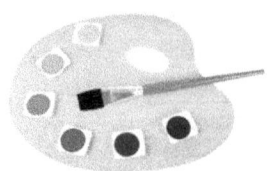

21

Een les
A lesson

A

Woordenschat
Words

1. aandacht - attention; aandacht besteden - pay attention to
2. altijd - always
3. anders - else
4. belangrijk - important
5. blijven - remain
6. ding - thing; deze dingen - this stuff
7. geluk - happiness
8. gezondheid - health
9. gieten - pour
10. in de plaats - instead
11. kinderen - children
12. klas - class
13. klein - small
14. kruik - jar
15. leeg - empty
16. lichtelijk - slightly
17. medisch - medical
18. minder - less
19. nog - still
20. ouder - parent
21. steen - stone
22. televisie - television
23. tussen - between
24. uitgeven - spend
25. verliezen - loose
26. vriend - boyfriend
27. vriendin - girlfriend
28. welke - which
29. werkelijk - really

30. zand - sand
31. zonder - without; zonder een woord, zonder te spreken - without a word
32. zorg - care

Een les

Het hoofd van de universiteit staat voor de klas. Er staan enkele dozen en andere dingen op de tafel voor hem. Wanneer de les begint, neemt hij een grote lege kruik en zonder te spreken vult het met grote stenen.
"Denken jullie dat deze kruik al vol is?" vraagt Mr. Kite de studenten.
"Ja" komen de studenten overeen.
Dan neemt hij een doos met hele kleine stenen en giet ze in de kruik. Hij schudt de kruik lichtjes. De kleine steentjes vullen natuurlijk de plaats tussen de gote stenen.
"Wat dennken jullie nu? De kruik was al vol, nietwaar?" vraagt Mr. Kite opnieuw.
"Ja, het is nu vol" komen de studenten opnieuw overeen. Ze beginnen te genieten van deze les. Ze beginnen te lachen.
Dan neemt Mr. Kite een doos met zand en giet het in de kruik. Natuurlijk vult het zand de overige ruimte.
"Nu wil ik dat jullie denken over deze kruik zoals over het leven. De groten stenen zijn de belangrijke dingen - je familie, je vriendin en vriend, je gezondheid, je kinderen, je ouders - dingen dat als je alles verliest en enkel deze overblijven, je leven nog steeds vol is. Kleine stenen zijn andere dingen die minder belangrijk zijn. Het zijn dingen zoals je huis, je baan, je auto. Zand zijn alle andere dingen - kleine dingen. Als je het zand eerst in de kruik giet, dan zal er geen ruimte zijn voor kleine of grote stenen. Hetzelfde geld voor het leven. Als je al je tijd en energie spendeert aan de kleine dingen, zal je nooit plaats hebben voor de belangrijke dingen. Besteed aandacht aan de dingen die het belangrijkst zijn voor je geluk. Speel met je kinderen of ouders. Neem de tijd voor medische testen. Neem je vriendin of vriend mee op café. Er zal altijd een mogelijkheid zijn om te werken, het huis schoon te maken en televisie te kijken" zegt Mr. Kite, "zorg voor de

A lesson

The head of the college is standing before the class. There are some boxes and other things on the table before him. When the lesson begins he takes a big empty jar and without a word fills it up with big stones.
"Do you think the jar is already full?" Mr. Kite asks students.
"Yes, it is," agree students.
Then he takes a box with very small stones and pours them into the jar. He shakes the jar slightly. The little stones, of course, fill up the room between the big stones.
"What do you think now? The jar is already full, isn't it?" Mr. Kite asks them again.
"Yes, it is. It is full now," the students agree again. They begin to enjoy this lesson. They begin to laugh.
Then Mr. Kite takes a box of sand and pours it into the jar. Of course, the sand fills up all the other room.
"Now I want that you to think about this jar like a man's life. The big stones are important things - your family, your girlfriend and boyfriend, your health, your children, your parents - things that if you loose everything and only they remain, your life still will be full. Little stones are other things which are less important. They are things like your house, your job, your car. Sand is everything else - small stuff. If you put sand in the jar at first, there will be no room for little or big stones. The same goes for life. If you spend all of your time and energy on the small stuff, you will never have room for things that are important to you. Pay attention to things that are most important to your happiness. Play with your children or parents. Take time to get medical tests. Take your girlfriend or boyfriend to a café. There will be always time to go to work, clean the house and watch television." Mr. Kite says, "Take care of the big stones first -

grote stenen eerst - dingen die werkelijk belangrijk zijn. De rest is slechts zand." Hij bekijkt de studenten," Nu Robert en David, wat is belangrijker voor jullie - een truck wassen of jullie levens? Jullie drijven op een truck op zee zoals op een schip, enkel omdat jullie een truck wilden wassen. Denken jullie dat er geen andere manier is om het te wassen?"
"Nee, dat denken we niet" zegt David.
"Julle kunnen in de plaats een truck wassen in een carwash, nietwaar? zegt Mr. Kite.
"Ja, dat kunnen we" zeggen de studenten.
"Je moet altijd nadenken voor je iets doet. Je moet altijd zorg dragen voor de grote stenen, correct?
"Ja" antwoorden de studenten.

things that are really important. Everything else is just sand," he looks at the students, "Now Robert and David, what is more important to you - washing a truck or your lives? You float on a truck in the sea like on a ship just because you wanted to wash the truck. Do you think there is no other way to wash it?"
"No, we do not think so," David says.
"You can wash a truck in a washing station instead, can't you?" says Mr. Kite.
"Yes, we can," say the students.
"You must always think before you do something. You must always take care of the big stones, right?"
"Yes, we must," answer the students.

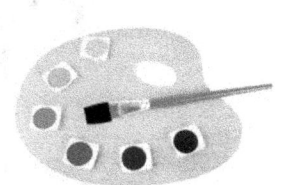

22

Paul werkt bij een uitgever
Paul works at a publishing house

Woordenschat
Words

1. antwoordapparaat - answering machine
2. bekomen - get
3. bekwaamheid - skill
4. bellen - call
5. beroep - profession
6. bieptoon - beep
7. buiten - outdoors
8. co-ordinatie - co-ordination
9. creatief - creative
10. dertig - thirty
11. donker - dark
12. etc. - etc.
13. firma - company
14. grappig - funny
15. hallo - hi
16. klaar - ready
17. klant - customer
18. koud - cold *(adj)*
19. koude - coldness
20. krant - newspaper
21. magazine - magazine
22. menselijk - human
23. moeilijk - difficult
24. mogelijk - possible; zo vaak als mogelijk - as often as possible
25. neus - nose
26. niemand - nobody
27. niets - nothing
28. ontwerp - composition
29. ontwerpen - compose

30. ontwikkelen - develop
31. opnemen - record
32. produceren - produce
33. regel - rule
34. regen - rain
35. sinds, terwijl - since, as
36. slapen - sleeping
37. speciaal - especially
38. spelen - playing
39. spreken - talk
40. tekst - text
41. tenminste - at least
42. toekomst - future
43. trappen - stairs
44. treurig - sad
45. verhaal - story
46. verkopen - sell
47. verschillend - different
48. wandelen - walking
49. weigeren - refuse
50. wereld - world

Paul werkt bij een uitgever

Paul werkt als jonge helper bij de uitgever All-round. Hij doet schrijverswerk.
"Paul, onze firmanaam is All-round" zegt het hoofd van de firma Mr. Fox. "Dit betekent dat we teksten ontwerpen en designwerk doen voor elke klant. We krijgen veel bestellingen van kranten, magazines en andere klanten. Al deze bestellingen zijn verschillend maar we weigeren ze nooit."
Paul houdt veel van zijn werk omdat hij zijn creatieve bekwaamheid kan ontwikkelen. hij houdt van creatief werk zoals teksten ontwerpen en design. Aangezien hij design studeert aan de universiteit is het een heel geschikte baan voor zijn toekomstige beroep. Mr. Fox heeft enkele nieuwe taken voor hem vandaag.
"We hebben enkele bestellingen. Jij kan er twee van doen," zegt Mr.Fox. "De eerste bestelling is van een telefoonbedrijf. Ze produceren telefoons met antwoordapparaten. Ze hebben enkele grappige teksten voor antwoordapparaten nodig. Niets verkoopt beter dan grappige dingen. Ontwerp vier of vijf teksten aub."
"Hoe lang moeten ze zijn?" vraagt Paul.
"Ze kunnen van vijf tot dertig woorden gaan," antwoordt Mr. Fox, "En de tweede bestelling komt van het magazine "Green World". Dit magazine schrijft over dieren, vogels, vissen etc. Ze hebben een tekst nodig over een huisdier. Het mag grappig of triestig zijn, of gewoon een verhaal over je eigen huisdier. Heb je een huisdier?

Paul works at a publishing house

Paul works as a young helper at the publishing house All-round. He does writing work.
"Paul, our firm's name is All-round," the head of the firm Mr. Fox says, "And this means we can do any text composition and design work for any customer. We get many orders from newspapers, magazines and from other customers. All of the orders are different but we never refuse any."
Paul likes this job a lot because he can develop creative skills. He enjoys creative works like writing compositions and design. Since he studies design at college it is a very suitable job for his future profession. Mr. Fox has some new tasks for him today.
"We have some orders. You can do two of them." Mr. Fox says. "The first order is from a telephone company. They produce telephones with answering machines. They need some funny texts for answering machines. Nothing sells better than funny things. Compose four or five texts, please."
"How long must they be?" Paul asks.
"They can be from five to thirty words," Mr. Fox answers, "And the second order is from the magazine "Green world". This magazine writes about animals, birds, fish etc. They need a text about any home animal. It can be funny or sad, or just a story about your own animal. Do you have an animal?"
"Yes, I do. I have a cat. Its name is Favorite,"

"Ja, ik heb een kat. Zijn naam is Favorite," antwoordt Paul, "En ik denk dat ik een verhaal kan schrijven over zijn trucs. Wanneer moet het klaar zijn?
"Deze twee bestellingen moeten klaar zijn tegen morgen" antwoordt Mr. Fox.
"Okay kan ik nu beginnen?" vragt Paul.
"Ja Paul," zegt Mr. Fox.

Paul brengt zijn teksten de volgende dag. Hij heeft vijf teksten voor de antwoordapparaten. Mr. Fox leest ze:
1. "Hey. Nu zeg je iets."
2. "Hallo. Ik ben een antwoordapparaat. En wat ben jij?"
3. "Hey. Niemand is nu thuis behalve mijn antwoordapparaat. Dus je kan hiermee spreken in plaats van met mij. Wacht op de biep.
4. Dit is geen antwoordapparaat. Dit is een machine die gedachten leest. Denk na de biep aan je naam, de reden waarom je belt en een nummer zodat ik je kan terugbellen. En ik zal er aan denken om je terug te bellen."
5. "Spreek na de biep! Je hebt het recht om te zwijgen. Ik zal alles wat je zegt opnemen en gebruiken."
"Het is niet slecht. En wat met de dieren?" vraagt Mr. Fox. Paul geeft hem een ander blad papier.
Mr Fox leest

Enkele regels voor katten

Wandelen:
Zo vaak mogelijk, loop snel en zo dicht mogelijk bij een mens, zeker op trappen wanneer ze iets in hun handen hebben, in het donker en wanneer ze 's morgens opstaan. Dit zal ze trainen in hun co-ordinatie.
In bed:
Slaap 's nachts altijd op een mens. Zo kan hij of zij niet draaien in bed. Probeer te liggen op zijn of haar gezicht. Zorg ervoor dat je staart op hun neus ligt.
Slapen:
Om veel energie te hebben om te spelen, moet een kat veel slapen (minstens 16 uur per dag). Het is niet moeilijk om een geschikte plaats te vinden om te slapen. Elke plaats waar een mens graag zit, is goed. Er zijn ook goede plaatsen buiten. Maar je kan hen beter niet gebruiken wanneer het regent of koud is. Je

Paul answers, "And I think I can write a story about its tricks. When must it be ready?"
"These two orders must be ready by tomorrow," Mr. Fox answers.
"Okay. May I begin now?" Paul asks.
"Yes, Paul," Mr. Fox says.

Paul brings those texts the next day. He has five texts for the answering machines. Mr. Fox reads them:
1. "Hi. Now you say something."
2. "Hello. I am an answering machine. And what are you?"
3. "Hi. Nobody is at home now but my answering machine is. So you can talk to it instead of me. Wait for the beep."
4. "This is not an answering machine. This is a thought-recording machine. After the beep, think about your name, your reason for calling and a number which I can call you back. And I will think about calling you back."
5. "Speak after the beep! You have the right to be silent. I will record and use everything you say."
"It is not bad. And what about animals?" Mr. Fox asks. Paul gives him another sheet of paper. Mr. Fox reads:

Some rules for cats

Walking:
As often as possible, run quickly and as close as possible in front of a human, especially: on stairs, when they have something on their hands, in the dark, and when they get up in the morning. This will train their co-ordination.
In bed:
Always sleep on a human at night. So he or she cannot turn in the bed. Try to lie on his or her face. Make sure that your tail is right on their nose.
Sleeping:
To have a lot of energy for playing, a cat must sleep a lot (at least 16 hours per day). It is not difficult to find a suitable place to sleep. Any place where a human likes to sit is good. There are good places outdoors too. But you cannot use them when it rains or when it is cold. You can use open windows instead.
Mr. Fox laughs.

kan in de plaats open vensters gebruiken.
Mr. Fox lacht.
"Goed werk, Paul! Ik denk dat het magazine "Green World" je ontwerp graag zal hebben" zegt hij.

"Good work, Paul! I think the magazine "Green world" will like your composition," he says.

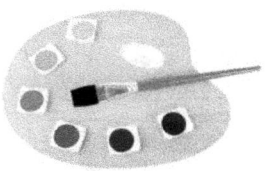

23

Kattenregels
Cat rules

A

Woordenschat
Words

1. achter - behind
2. alhoewel - although
3. been - leg
4. bekomen - get
5. bijten - bite
6. bord - plate
7. denken - thinking
8. doen alsof - pretend
9. gast - guest
10. geheim - secret
11. huiswerk - homework
12. iets - anything
13. kans - chance
14. kind - child
15. koken - cooking
16. kussen - kiss
17. lekker - tasty
18. lezen - reading
19. lief hebben - to love
20. liefde - love
21. mug - mosquito
22. paniek - panic; panikeren - to panic
23. planeet - planet
24. raadsel - mystery
25. school - school
26. seizoen - season
27. soms - sometimes
28. stap - step; stappen - to step
29. stelen - steal
30. toetsenbord - keyboard
31. tof - fun
32. toilet - toilet
33. vergeten - forget
34. verstoppen - hide; verstopper - hide-and-seek
35. weer - weather
36. weglopen - run away
37. weinig - few; een paar - a few
38. wrijven - rub

B

Kattenregels

"Het magazine "Green world" heeft een nieuwe bestelling geplaatst." zegt Mr. Fox tegen Paul de volgende dag, "En deze bestelling is voor jou, Paul. Ze hadden je ontwerp graag en ze willen een grotere tekst over "kattenregels". Het duurt twee dagen voor Paul om zijn tekst te ontwerpen. Hier is het.

Enkele geheime regels voor katten

Alhoewel katten de beste en de meest fantastische dieren op deze planeet zijn, doen ze soms heel vreemde dingen. Eén van de mensen is erin geslaagd om enkele kattengeheimen te stelen. Hier zijn enkele leefregels om de wereld over te nemen. Maar hoe deze regels katten zullen helpen is nog steeds een raadsel voor de mensen.
Badkamers:
Ga altijd met gasten naar de badkamer en het toilet. Je moet niets doen. Zit, kijk en soms wrijf je over hun been.
Deuren:
Alle deuren moeten open zijn. Om een deur te openen, kijk je heel treurig naar mensen. Wanneer ze de deur open doen, hoef je er niet door te gaan. Als je zo de deur open krijgt sta dan in het deurgat en denk na over iets. Dit is heel belangrijk wanneer het koud is of wanneer het regent of wanneer het muggenseizoen is.
Koken:
Zit altijd achter de rechtervoet van de kokende mensen. Zo kunnen ze je niet zien en heb je een betere kans dat een mens op je stapt. Wanneer dat gebeurt, nemen ze je in hun handen en geven ze iets lekkers te eten.
Leesboeken:
Probeer dichter te komen bij een lezende mens, tussen de ogen en het boek. Het beste is om te liggen op het boek.
Huiswerk van kinderen :
Lig op boeken en doe alsof je slaapt. Maar spring af en toe op de pen. Bijt als een kind je probeert van de tafel

---

Cat rules

"The magazine "Green world" places a new order," Mr. Fox says to Paul next day, "And this order is for you, Paul. They like your composition and they want a bigger text about "Cat rules".
It takes Paul two days to compose this text. Here it is.

Some secret rules for cats

Although cats are the best and the most wonderful animals on this planet, they sometimes do very strange things. One of the humans managed to steal some cat secrets. They are some rules of life in order to take over the world! But how these rules will help cats is still
a total mystery to the humans.
Bathrooms:
Always go with guests to the bathroom and to the toilet. You do not need to do anything. Just sit, look and sometimes rub their legs.
Doors:
All doors must be open. To get a door opened, stand looking sad at humans. When they open a door, you need not go through it. After you open in this way the outside door, stand in the door and think about something. This is especially important when the weather is very cold, or when it is a rainy day, or when it is the mosquito season.
Cooking:
Always sit just behind the right foot of cooking humans. So they cannot see you and you have a better chance that a human steps on you. When it happens, they take you in their hands and give something tasty to eat.
Reading books:
Try to get closer to the face of a reading human, between eyes and the book. The best is to lie on the book.
Children's school homework:
Lie on books and copy-books and pretend to sleep. But from time to time jump on the pen. Bite if a child tries to take you away from the

te nemen.
Computer:
Als een mens met een computer werkt, spring op de bureau en wandel over het toetsenbord.
Voeding:
Katten moeten veel eten. Maar eten is slechts de helft van het plezier. De andere helft is het voedsel te pakken krijgen. Wanneer mensen eten, leg je je staart in hun bord wanneer ze niet kijken. Het vergroot de kans dat je een vol bord met eten krijgt. Eet nooit van je eigen bord als je voedsel van tafel kan pakken. Drink nooit van je eigen water als je kan drinken uit de mok van een mens.
Verstoppen:
Verstop je in plaatsen waar mensen je niet kunnen vinden voor enkele dagen. Dit doet mensen panikeren (waar ze van houden) omdat ze denken dat je bent weggelopen. Wanneer je uit je schuilplaats komt, zullen de mensen je kussen en hun liefde tonen. En je kan iets lekkers krijgen.
Mensen:
De taak van mensen is ons te voeden, met ons te spelen en onze kattenbak schoon te maken. Het is belangrijk dat ze niet vergeten wie het hoofd van het huis is.

table.
Computer:
If a human works with a computer, jump up on the desk and walk over the keyboard.
Food:
Cats need to eat a lot. But eating is only half of the fun. The other half is getting the food. When humans eat, put your tail in their plate when they do not look. It will give you a better chance to get a full plate of food. Never eat from your own plate if you can take some food from the table. Never drink from your own water plate if you can drink from a human's cup.
Hiding:
Hide in places where humans cannot find you for a few days. This will make humans panic (which they love) thinking that you ran away. When you come out of the hiding place, the humans will kiss you and show their love. And you may get something tasty.
Humans:
Tasks of humans are to feed us, to play with us, and to clean our box. It is important that they do not forget who the head of the house is.

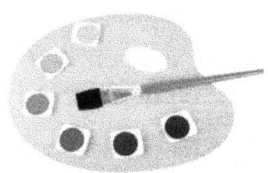

24

Teamwerk
Teamwork

A

Woordenschat
Words

1. aanleren - teach
2. aarde - earth
3. beginnen - began
4. bewoog - moved
5. bloem - flower
6. buitenaards, alien - alien
7. collega - colleague
8. dansen - dance; gedanst - danced; dansend - dancing
9. deelnemen - take part
10. duizend - thousand
11. één van jullie - either of you
12. gedood - killed
13. gestopt - stopped
14. had - had
15. herinnerde - remembered
16. hield van - loved
17. hoofd, centraal - central
18. hoorde - heard
19. informeert - informed
20. inschakelen - switched on
21. kapitein - captain
22. keek - looked
23. klaar - finished
24. komen - came
25. kort - short
26. lachte - smiled
27. laser - laser
28. Miljard - billion
29. mooi - beautiful
30. oorlog - war
31. radar - radar
32. radio - radio
33. ruimte - space
34. ruimteschip - spaceship
35. schudde - shook

36. serie - serial
37. spoedig - soon
38. sterven - die
39. stierf - died
40. tegen - against
41. televisie - TV-set
42. tot - until
43. tuin - garden
44. vallen - fall
45. vernietigen - destroy
46. viel - fell
47. vloog weg - flew away
48. voortduren - continue; verder kijken - continued to watch
49. wees aan - pointed
50. weg gaan - went away
51. werkend - working
52. wist - knew
53. zei - said

Teamwork

David wil een journalist worden. Hij studeert aan een universiteit. Hij heeft een schrijfles vandaag. Mr. Kite leert studenten om te schrijven.
"Geachte vrienden," zegt hij, "sommigen onder jullie zullen werken voor uitgeverijen, kranten of magazines, de radio of televisie. Dit betekent dat je zal werken in een team. In een team werken is niet simpel. Nu wil ik dat jullie een journalistieke tekts schrijven in een team. Ik heb een jongen en een meisje nodig." Veel studenten willen deelnemen aan dit teamwerk. Mr. Kite kiest David en Carol. Carol komt uit Spanje maar spreekt heel goed Engels.
"Ga zitten aan deze tafel aub. Jullie zijn nu collega's," zegt Mr. Kite tegen hen, "Jullie zullen een kort verhaal schrijven." Eén van jullie zal beginnen met schrijven en geeft het dan aan je collega. Je collega zal je tekst lezen en verder schrijven. Dan zal je collega het teruggeven en zal de eerste het lezen en verder schrijven. En zo verder tot jullie tijd op is. Ik geef jullie twintig minuten. Mr. Kite geeft hen papier en Carol begint. Ze denkt een beetje na en schrijft dan.

Teamontwerp

Carol : Julia keek door het venster. De bloemen in haar tuin bewogen in de wind alsof ze dansten. Ze herinnerde die avond wanneer ze danste met Billy. Het was een jaar geleden maar ze herinnerde alles - zijn blauwe ogen, zijn glimlach en zijn stem. Het was een gelukkige tijd voor haar. Maar dat was nu over. Waarom was hij niet bij haar?

Teamwork

David wants to be a journalist. He studies at a college. He has a composition lesson today. Mr. Kite teaches students to write composition.
"Dear friends," he says, "some of you will work for publishing houses, newspapers or magazines, the radio or television. This means you will work in a team. Working in a team is not simple. Now I want that you try to make a journalistic composition in a team. I need a boy and a girl."
Many students want to take part in the team work. Mr. Kite chooses David and Carol. Carol is from Spain but she can speak English very well.
"Please, sit at this table. Now you are colleagues," Mr. Kite says to them, "You will write a short composition. Either of you will begin the composition and then give it to your colleague. Your colleague will read the composition and continue it. Then your colleague will give it back and the first one will read and continue it. And so on until your time is over. I give you twenty minutes."
Mr. Kite gives them paper and Carol begins. She thinks a little and then writes.

Team composition

Carol: Julia was looking through the window. The flowers in her garden were moving in the wind as if dancing. She remembered that evening when she danced with Billy. It was a year ago but she remembered everything - his blue eyes, his smile and his voice. It was a happy time for her but it was over now. Why was not he

David: Op dit moment was ruimtekapitein Billy Brisk op het ruimteschip White Star. Hij had een belangrijke taak en hij had geen tijd om te denken aan dat stomme meisje met wie hij een jaar geleden had gedanst. Hij richtte snel de lasers van de White Star op het buitenaardse ruimteschip. Dan schakelde hij de radio aan en sprak tot de aliens: "Ik geef je één uur om je over te geven. Als je je binnen één uur niet hebt overgegeven, zal ik je vernietigen". Maar voor hij gedaan had, raakte een buitenaardse laser de linkermotor van de White Star. Billy's laser begon het buitenaardse ruimteschip te raken en op hetzelfde moment schakelde hij de hoofd en rechtermotor aan. De buitenaardse laser vernietigde de werkende rechtermotor en de White Star schudde zwaar. Billy viel op de grond en dacht tijdens zijn val welke van de buitenaardse ruimteschepen hij eerst moet vernietigen.

Carol: Maar hij stootte zijn hoofd op de metalen vloer en stierf op hetzelfde moment. Maar voor hij stierf, herinnerde hij dat arme mooie meisje van wie hij hield en hij vond het heel spijtig dat hij haar had achter gelaten. Al gauw stopten de mensen de belachelijke oorlog met de aliens. Julia was heel gelukkig wanneer ze dit hoorde. Daarna schakelde ze de televisie aan en keek verder naar haar prachtige Duitse serie.

David: Omdat de mensen hun eigen radars en lasers vernietigd hadden, wist niemand dat de ruimteschepen van de aliens heel dicht tot bij de aarde kwamen. Duizenden buitenaardse lasers raakten de aarde en vermoorden arme, stomme Julia en vijf miljard mensen in een seconde. De aarde was vernietigd en zijn brandende stukken vlogen weg in de ruimte.

"Ik zie dat je het kon beeindigen vooraleer je tijd op was," lacht Mr. Kite, " Wel, de les is gedaan. Laten we dit teamontwerp lezen en bespreken tijdens de volgende les."

with her?
David: At this moment space captain Billy Brisk was at the spaceship White Star. He had an important task and he did not have time to think about that silly girl who he danced with a year ago. He quickly pointed the lasers of White Star at alien spaceships. Then he switched on the radio and talked to the aliens: "I give you an hour to give up. If in one hour you do not give up I will destroy you." But before he finished an alien laser hit the left engine of the White Star. Billy's laser began to hit alien spaceships and at the same time he switched on the central and the right engines. The alien laser destroyed the working right engine and the White Star shook badly. Billy fell on the floor thinking during the fall which of the alien spaceships he must destroy first.

Carol: But he hit his head on the metal floor and died at the same moment. But before he died he remembered the poor beautiful girl who loved him and he was very sorry that he went away from her. Soon people stopped this silly war on poor aliens. They destroyed all of their own spaceships and lasers and informed the aliens that people would never start a war against them again. People said that they wanted to be friends with the aliens. Julia was very glad when she heard about it. Then she switched on the TV-set and continued to watch a wonderful German serial.

David: Because people destroyed their own radars and lasers, nobody knew that spaceships of aliens came very close to the Earth. Thousands of aliens' lasers hit the Earth and killed poor silly Julia and five billion people in a second. The Earth was destroyed and its turning parts flew away in space.

"I see you came to the finish before your time is over," Mr. Kite smiled, "Well, the lesson is over. Let us read and speak about this team composition during the next lesson."

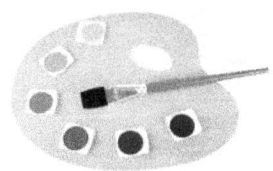

25

Robert en David zoeken een nieuwe job
Robert and David are looking for a new job

A

Woordenschat
Words

1. aanbevelen - recommend
2. aanbeveling - recommendation
3. aanbiedingen - ad
4. advertentie - advert
5. artiest - artist
6. bedienen - serve
7. boer - farmer
8. buur - neighbour
9. cadeau - gift
10. consultancy - consultancy
11. dierenarts - vet
12. dokter - doctor
13. dromen - to dream
14. droom - dream
15. gevonden - found
16. huisdier - pet
17. idee - idea
18. ingenieur - engineer
19. kat - kitten
20. kunst - art
21. leeftijd - age
22. leider - leader
23. luidop - aloud
24. methode - method
25. monotoon - monotonous
26. natuur - nature
27. persoonlijk - personal
28. programmeur - programmer
29. puppy - puppy
30. rat - rat
31. reizen - travel
32. rubriek - rubric
33. schatten - estimate
34. schrijver - writer
35. sluw - sly
36. Spaans - Spanish

37. spaniel - spaniel
38. terwijl - while
39. vertaler - translator
40. voedsel - food
41. vragenlijst - questionnaire
42. vuil - dirty

Robert en David zoeken een nieuwe job

Robert en David zijn bij David thuis. David maakt de tafel schoon na het ontbijt en Robert leest advertenties en aanbiedingen in de krant. Hij leest de rubriek "Dieren". Davids zus Nancy is ook in de kamer. Ze probeert de kat te vangen die zich verstopt onder het bed.
"Er zijn zoveel gratis huisdieren in de krant. Ik denk dat ik een hond of kat zal kiezen. David, wat denk jij?" vraagt Robert aan David.
"Nancy, laat de kat met rust!" zegt David kwaad. "Wel Robert, het is geen slecht idee. Jouw huisdier zal altijd thuis op je wachten en zal zo gelukkig zijn wanneer je thuiskomt en hem voedsel geeft. En vergeet niet dat je met je huisdier 's morgens of 's avonds zal moeten wandelen of zijn doos schoonmaken. Soms zal je de vloer moeten schoonmaken en je huisdier naar de dierenarts brengen. Dus denk goed na voor je een huisdier neemt."
"Wel, ik heb hier enkele advertenties. Luister," zegt Robert en begint luidop te lezen:
"Gevonden, vuile witte hond, lijkt op een rat. Het kan lang buiten leven. Ik geef het weg voor geld."
Hier is er nog één:
"Spaanse hond, spreekt Spaans. Geven hem gratis. En gratis puppies, half spaniel, half sluwe hond van de buren."
Robert kijkt naar David, "Hoe kan een hond Spaans spreken?"
"Een hond kan Spaans verstaan. Versta jij Spaans?" vraagt David lachend.
"Ik versta geen Spaans. Luister, hier is nog een advertentie: geven gratis boerderijkatten weg. Klaar om te eten. Ze eten alles."
Robert draait de krant, "Wel, ik denk dat huisdieren kunnen wachten. Ik zal beter een nieuwe baan zoeken." Hij vindt de banenrubriek en leest luidop.
"Zoek je een geschikte baan? Uitzendbureau "Suitable

Robert and David are looking for a new job

Robert and David are at David's home. David is cleaning the table after breakfast and Robert is reading adverts and ads in a newspaper. He is reading the rubric "Animals". David's sister Nancy is in the room too. She is trying to catch the cat hiding under the bed.
"There are so many pets for free in the newspaper. I think I will choose a cat or a dog. David, what do you think?" Robert asks David.
"Nancy, do not bother the cat!" David says angrily, "Well Robert, it is not a bad idea. Your pet will always wait for you at home and will be so happy when you come back home and give some food. And do not forget that you will have to walk with your pet in mornings and evenings or clean its box. Sometimes you will have to clean the floor or take your pet to a vet. So think carefully before you get an animal."
"Well, there are some ads here. Listen," Robert says and begins to read aloud:
"Found dirty white dog, looks like a rat. It may live outside for a long time. I will give it away for money."
Here is one more:
"Spanish dog, speaks Spanish. Give away for free. And free puppies half spaniel half sly neighbor's dog,"
Robert looks at David, "How can a dog speak Spanish?"
"A dog may understand Spanish. Can you understand Spanish?" David asks smiling.
"I cannot understand Spanish. Listen, here is one more ad:
"Give away free farm kittens. Ready to eat. They will eat anything,"
Robert turns the newspaper, "Well, I think pets can wait. I will better look for a job," he

personnel" kan je helpen. Onze consultants schatten je persoonlijke bekwaamheden in en zullen je de meest geschikte baan aanbevelen."
Robert kijkt op en zegt: "David wat denk je?"
"De beste baan voor jou is een truck wassen in zee en het dan laten drijven." zegt Nancy en loopt snel uit de kamer.
"Het is geen slecht idee. Laten we nu gaan." antwoordt David en neemt voorzichtig de kat uit de ketel, waar Nancy het dier een minuut geleden heeft ingestopt.
Robert en David arriveren bij het uitzendbureau "Suitable Personnel" met de fiets. Er is geen wachtrij, dus gaan ze naar binnen. Er zijn daar twee vrouwen. Eén van hen telefoneert. De andere vrouw schrijft iets. Ze vraagt Robert en David om te gaan zitten. Haar naam is Mevr. Sharp. Ze vraagt hen hun namen en hun leeftijd.
"Wel, laat me uitleggen welke methode we gebruiken. Kijk, er zijn vijf soorten banen.
1. De eerste soort is man - natuur. Banen : boer, werknemer in de Zoo etc.
2. De tweede soort is man - machine. Banen : piloot, taxichauffeur, trucker, etc.
3. De derde soort is man - man. Banen : dokter, leraar, journalist etc.
4. De vierde soort is man - computer. Banen: vertaler, ingenieur, programmeur etc.
5. De vijfde soort is man - kunst. Banen: schrijver, artiest, zanger etc.
We geven enkel aanbevelingen over de geschikte job wanneer we je beter leren kennen. Eerst moeten we je persoonlijke bekwaamheden inschatten. Ik moet weten wat je graag hebt en wat je niet graag hebt. Dan zullen we weten welk soort beroep het best geschikt is voor jullie. Vul aub deze vragenlijst nu in." zegt Mevr. Sharp en geeft hen de vragenlijst. David en Robert vullen de vragenlijst in.

Vragenlijst
Naam: *David Tweeter*
Machines bekijken - Geen probleem mee
Spreken met mensen - Graag
Klanten bedienen - Geen probleem mee
Rijden met auto's, trucks - Graag
Binnen werken - Graag
Buiten werken - Graag

finds the rubric about jobs and reads aloud, "Are you looking for a suitable job? The job consultancy "Suitable personnel" can help you. Our consultants will estimate your personal gifts and will give you a recommendation about the most suitable profession."
Robert looks up and says: "David what do you think?"
"The best job for you is washing a truck in the sea and let it float." Nancy says and quickly runs out of the room.
"It is not a bad idea. Let's go now," David answers and takes carefully the cat out of the kettle, where Nancy put the animal a minute ago.
Robert and David arrive to the job consultancy "Suitable personnel" by their bikes. There is no queue, so they go inside. There are two women there. One of them is speaking on the telephone. Another woman is writing something. She asks Robert and David to take seats. Her name is Mrs. Sharp. She asks them their names and their age.
"Well, let me explain the method which we use. Look, there are five kinds of professions.
1. The first kind is man - nature. Professions: farmer, zoo worker etc.
2. The second kind is man - machine. Professions: pilot, taxi driver, truck driver etc.
3. The third kind is man - man. Professions: doctor, teacher, journalist etc.
4. The fourth kind is man - computer. Professions: translator, engineer, programmer etc.
5. The fifth kind is man - art. Professions: writer, artist, singer etc.
We give recommendations about a suitable profession only when we learn about you more. First let me estimate your personal gifts. I must know what you like and what you dislike. Then we will know which kind of profession is the most suitable for you. Please, fill up the questionnaire now," Mrs. Sharp says and gives them the questionnaires. David and Robert fill up the questionnaires.

Questionnaire
Name: *David Tweeter*
Watch machines - I do not mind
Speak with people - I like

Veel herinneren - Geen probleem mee
Reizen - Graag
Inschatten, controleren - Haat ik
Vuil werk - Geen probleem mee
Monotoon werk - Haat ik
Hard werken - Geen probleem mee
Leider zijn - Geen probleem mee
Teamwerk - Geen probleem mee
Dromen terwijl je werkt - Graag
Trainen - Geen probleem mee
Creatief werken - Graag
Werken met teksten - Graag

Vragenlijst
Naam: *Robert Genscher*

Machines bekijken - Geen probleem mee
Spreken met mensen - Graag
Klanten bedienen - Geen probleem mee
Rijden met auto's, trucks - Geen probleem mee
Binnen werken - Graag
Buiten werken - Graag
Veel herinneren - Geen probleem mee
Reizen - Graag
Inschatten, controleren - Geen probleem mee
Vuil werk - Geen probleem mee
Monotoon werk - Haat ik
Hard werken - Geen probleem mee
Leider zijn - Haat ik
Teamwerk - Graag
Dromen terwijl je werkt - Graag
Trainen - Geen probleem mee
Creatief werken - Graag
Werken met teksten - Graag

Serve customers - I do not mind
Drive cars, trucks - I like
Work inside - I like
Work outside - I like
Remember a lot - I do not mind
Travel - I like
Estimate, check - I hate
Dirty work - I do not mind
Monotonous work - I hate
Hard work - I do not mind
Be leader - I do not mind
Work in team - I do not mind
Dream while working - I like
Train - I do not mind
Do creative work - I like
Work with texts - I like

Questionnaire
Name: Robert Genscher

Watch machines - I do not mind
Speak with people - I like
Serve customers - I do not mind
Drive cars, trucks - I do not mind
Work inside - I like
Work outside - I like
Remember a lot - I do not mind
Travel - I like
Estimate, check - I do not mind
Dirty work - I do not mind
Monotonous work - I hate
Hard work - I do not mind
Be leader - I hate
Work in team - I like
Dream while working - I like
Train - I do not mind
Do creative work - I like
Work with texts - I like

26

Solliciteren voor "San Franisco Nieuws"
Applying to "San Francisco News"

A

Woordenschat
Words

1. aanbevolen - recommended
2. aangekomen - arrived
3. asterisk - asterisk
4. begeleiden - accompany
5. crimineel - criminal
6. éénentwintig - twenty-one
7. financiën - finance
8. formulier - form
9. geschat - estimated
10. geslacht - sex
11. geven - gave
12. gevraagd - asked
13. gewerkt - worked
14. informatie - information
15. juffrouw - Miss
16. kon - could
17. leeg - blank, empty
18. leren over - learned about
19. mannelijk - male
20. nationaliteit - nationality
21. nemen - took
22. onderstrepen - underline
23. opleiding - education
24. patrouille - patrol
25. politie - police
26. rapporteren - report
27. reporter - reporter
28. single -single
29. solliciteren - apply
30. staat - status; burgerlijke staat - family status
31. tot ziens - goodbye
32. tweede naam - middle name
33. uitgever - editor
34. veld - field
35. verlaten - leave
36. vloeiend - fluently
37. vrouwelijk - female
38. week - week
39. zeventien - seventeen

B

Solliciteren bij "San Franciso News"

Mevrouw Sharp schat Davids en Roberts antwoorden van de vragenlijst in. Wanneer ze leert over hun bekwaamheden kan ze hen aanbevelingen over geschikte banen geven. Ze zegt dat de derde soort banen het meest geschikt is voor hen. Ze kunnen werken als dokter, leraar, journalist, etc. Mevrouw Sharp beveelt hen aan om te solliciteren voor een job bij de krant "San Francisco News". Ze hebben een deeltijdse baan voor studenten die politierapporten kunnen schrijven voor de misdaadrubriek. Zo arriveren Robert en David bij de personeelsafdeling van de krant "San Franciso News" en solliciteren ze voor deze job.
"We zijn bij uitzendbureau "Suitable personnel" geweest vandaag," zegt David tegen Mej. Slim die het hoofd is van de personeelsafdeling, "Ze hebben ons aangeraden om te solliciteren bij jouw krant."
"Wel, heb je al gewerkt als reporter?" vraagt Mej. Slim.
"Nee" antwoordt David.
"Vul aub deze persoonlijke informatie formulieren in," zegt Mej. Slim en geeft hen twee formulieren. Robert en David vullen hun persoonlijke informatie formulieren in.

Persoonlijke informatie formulieren
Vul de velden in met een asteriks *. De rest moet je niet invullen.
Voornaam* - *David*
Tweede naam
Achternaam* - *Tweeter*
Geslacht* (onderstreep) - <u>*Mannelijk*</u> *Vrouwelijk*
Leeftijd* - *Twintig jaar*
Nationaliteit - *Amerikaan*
Burgerlijke staat (onderstreep) - <u>*ongehuwd*</u> *getrouwd*
Adres - *11 Queen street, San Francisco, VS*
Opleiding - *Ik studeer journalistiek in het derde jaar aan de universiteit.*
Waar heb je nog gewerkt - *Ik heb twee maanden gewerkt als hulp op een boerderij.*
Welke ervaring en bekwaamheden heb je opgedaan?*

Applying to "San Francisco News"

Mrs. Sharp estimated David's and Robert's answers in the questionnaires. When she learned about their personal gifts she could give them some recommendations about suitable professions. She said that the third profession kind is the most suitable for them. They could work as a doctor, a teacher or a journalist etc. Mrs. Sharp recommended them to apply for a job with the newspaper „San Francisco News". They gave a part time job to students who could compose police reports for the criminal rubric. So Robert and David arrived at the personnel department of the newspaper „San Francisco News" and applied for this job.
"We have been to the job consultancy "Suitable personnel" today," David said to Miss Slim, who was the head of the personnel department, "They have recommended us to apply to your newspaper."
"Well, have you worked as a reporter before?" Miss Slim asked.
"No, we have not," David answered.
"Please, fill up these personal information forms," Miss Slim said and gave them two forms. Robert and David filled up the personal information forms.

Personal information form
You must fill up fields with asterisk *. You can leave other fields blank.
First name* - David
Middle name
Last name* - Tweeter
Sex* (underline) - <u>Male</u> Female
Age* - Twenty years old
Nationality* - US
Family status (underline) - <u>single</u> married
Address* - 11 Queen street, San Francisco, USA
Education - I am studying Journalism in the third year at a college
Where have you worked before? - I worked for two months as a farm worker
What experience and skills have you had?* - I

- *Ik kan met een auto en een truck rijden. Ik kan een computer gebruiken.*
Talen* 0 - no, 10 - vloeiend - *Spaans - 8, Engels - 10*
Rijbewijs" (onderstreep) - *Ja Nee soort: BC, ik kan met trucks rijden.*
Je hebt een job nodig* (onderstreep) - *Full time Part time: 15 uur per week.*
Je wil verdienen - *15 dollar per uur*

Persoonlijke informatie formulieren
*Vul de velden in met een asterisk *. De rest moet je niet invullen.*

Voornaam* - *Robert*
Tweede naam
Achternaam* - *Genscher*
Geslacht* (onderstreep) - *Mannelijk Vrouwelijk*
Leeftijd* - *Eénentwintig jaar*
Nationaliteit - *Duits*
Burgerlijke staat (onderstreep) - *Ongehuwd getrouwd*
Adres - *Room 218, studentenhuis, College Street 36, San Francisco, de VS.*
Opleiding - *Ik studeer computerdesign in het tweede jaar aan de universiteit.*
Waar heb je nog gewerkt - *Ik heb twee maanden gewerkt als hulp op een boerderij.*
Welke ervaring en bekwaamheden heb je opgedaan?* - *Ik kan met een computer werken.*
Talen* 0 - no, 10 - vloeiend - *Duits - 10, Engels - 8*
Rijbewijs" (onderstreep) - *Ja Nee*
Je hebt een job nodig* (onderstreep) - *Full time Part time: 15 uur per week.*
Je wil verdienen - *15 dollar per uur*

Mej. Slim brengt hun persoonlijke informatie formulieren naar de uitgever van "San Francisco News".
"De uitgever gaat akkoord" zegt Mej. Slim wanneer ze terugkomt, "Jullie zullen meegaan met een politiepatrouille en dan een rapport schrijven voor de misdaadrubriek. Een politieauto zal jullie morgen om zeventien uur oppikken. Wees er op tijd, aub?
"Zeker" zegt David "Tot ziens"
"Tot ziens." Antwoordt Mej. Slim.

can drive a car, a truck and I can use a computer
Languages* 0 - no, 10 - fluently - *Spanish - 8, English - 10*
Driving license* (underline) - *No Yes Kind: BC, I can drive trucks*
You need a job* (underline) - *Full time Part time: 15 hours a week*
You want to earn - *15 dollars per hour*

Personal information form
*You must fill up fields with asterisk *. You can leave other fields blank.*
First name* - *Robert*
Middle name
Last name* - *Genscher*
Sex* (underline) - *Male Female*
Age* - *Twenty-one years old*
Nationality* - *German*
Family status (underline) - *Single Married*
Address* - *Room 218, student dorms, College Street 36, San Francisco, the USA.*
Education - *I study computer design in the second year at a college*
Where have you worked before? - *I worked for two months as a farm worker*
What experience and skills have you had?* - *I can use a computer*
Languages* 0 - no, 10 - fluently - *German - 10, English - 8*
Driving license* (underline) - *No Yes Kind:*
You need a job* (underline) - *Full time Part time: 15 hours a week*
You want to earn - *15 dollars per hour*

Miss Slim took their personal information forms to the editor of "San Francisco News".
"The editor has agreed," Miss Slim said when she came back, "You will accompany a police patrol and then compose reports for the criminal rubric. A police car will come tomorrow at seventeen o'clock to take you. Be here at this time, will you?"
"Sure," Robert answered.
"Yes, we will," David said, "Goodbye."
"Goodbye," Miss Slim answered.

27

De politiepatrouille (deel 1)
The police patrol (part 1)

A

Woordenschat
Words

1. achtervolging - pursuit
2. alarm - alarm
3. bang - afraid
4. begeleiden - accompanied
5. begreep - understood
6. blaffen - barked
7. deed - did
8. dief - thief
9. dieven - thieves
10. droog - dry *(adj)*; drogen - to dry
11. gehaast - rushed
12. geopend - opened
13. gesloten - closed
14. geweer - gun
15. gordel - seat belts
16. handboeien - handcuffs
17. honderd - hundred
18. hoog - high
19. iedereen - everybody
20. jankend - howling
21. limiet - limit
22. microfoon - microphone
23. overval, inbraak - robbery
24. politieagent - officer, policeman
25. prijs - price
26. probeerde - tried
27. rijden - drove
28. rondkijken - look around
29. sergeant - sergeant
30. sirene - siren
31. sleutel - key
32. snelheid - speed; te snel rijden - to speed
33. snelheidsovertreder - speeder
34. stapte - stepped
35. starten - started (to drive)
36. toonde - showed
37. twaalf - twelve
38. vastmaken - fasten
39. verdomme - damn
40. verstopt - hid
41. wachte - waited
42. Wat is er aan de hand? - What is the matter?
43. wenen - cried

B

De politiepatrouille (deel 1)

Robert en David arriveren bij het gebouw van de krant "San Francisco News" de volgende dag om zeventien uur. De politieauto wacht al op hen. De politieman stapt uit de wagen. "Hallo, ik ben sergeant Frank Strict" zegt hij wanneer David en Robert naar de auto gaan.
"Hallo, aangenaam je te ontmoeten. Mijn naam is Robert. We moeten je begeleiden," antwoordt Robert.
"Hallo. Ik ben David. Was je al lang aan het wachten op ons?" vraagt David.
"Nee. Ik ben hier net aangekomen. Laten we instappen. We beginnen nu met de patrouille van de stad" zegt de politieman. Ze stappen allemaal in de politieauto.
"Begeleiden jullie een politiepatrouille voor de eerste keer?" vraagt sergeant Strict terwijl hij de motor start.
"We hebben nog nooit een politiepatrouille begeleidt." antwoordt David.
"Op dit moment begint de politieradio te praten: Opgepast P11 en P07! Een blauwe auto is te snel aan het rijden langs College street."
"P07 heeft het" zegt sergeant Strict in de microfoon. Dan zegt hij tegen de jongens: "De nummer van onze auto is P07." Een grote blauwe auto passeert hen tegen heel hoge snelheid. Frank Strict neemt de microfoon opnieuw en zegt "P07 spreekt. Ik zie de te snel rijdende blauwe auto. Begin de achtervolging." Dan zegt hij tegen de jongens, " Doe jullie gordel aan." De politieauto start snel. De sergeant duwt op het gas en zet de sirene aan. Ze passeren aan grote snelheid en met een jankende sirene gebouwen, auto's en bussen. Frank Strict laat de blauwe auto stoppen. De sergeant stapt uit de auto en gaat naar de snelheidsovertreder. David en Robert volgen hem.
"Ik ben politieofficier Frank Strict. Toon jouw rijbewijs aub." zegt de politieman tegen de snelheidsovertreder.
"Hier is mijn rijbewijs," zegt de chauffeur zijn rijbewijs tonend. "Wat is er aan de hand?" zegt hij kwaad.
"Je reed door de stad met een snelheid van

The police patrol (part 1)

Robert and David arrived at the building of the newspaper "San Francisco News" at seventeen o'clock next day. The police car was waiting for them already. A policeman got out of the car.
"Hello. I am sergeant Frank Strict." he said when David and Robert came to the car.
"Hello. Glad to meet you. My name is Robert. We must accompany you." Robert answered.
"Hello. I am David. Were you waiting long for us?" David asked.
"No. I have just arrived here. Let us get into the car. We begin city patrolling now." the policeman said. They all got into the police car.
"Are you accompanying a police patrol for the first time?" sergeant Strict asked starting the engine.
"We have never accompanied a police patrol before." David answered.
At this moment the police radio began to talk: "Attention P11 and P07! A blue car is speeding along College street."
"P07 got it," sergeant Strict said in the microphone. Then he said to the boys: "The number of our car is P07." A big blue car rushed past them with very high speed. Frank Strict took the mic again and said: "P07 is speaking. I see the speeding blue car. Begin pursuit," then he said to the boys, "Fasten your seat belts." The police car started quickly. The sergeant stepped on the gas up to the stop and switched on the siren. They rushed with the howling siren past buildings, cars and buses. Frank Strict made the blue car stop. Sergeant got out of the car and went to the speeder. David and Robert went after him.
"I am police officer Frank Strict. Show your driving license, please," the policeman said to the speeder.
"Here is my driving license," the driver showed his driving license, "What is the matter he said angrily.
"You were driving through the city with a speed of one hundred and twenty kilometers

honderdtwintig kilometer per uur. De snelheidslimiet is vijftig" zegt de sergeant.
"Ah, dat. Zie, ik heb net mijn auto gewassen. Dus ik reed een beetje sneller om hem te drogen," zegt de man met een sluwe lach.
"Kost het veel om je auto te wassen?" vraagt de politieman.
"Niet veel. Het kost twaalf dollar," zegt de snelheidsovertreder.
"Je kent de prijzen niet." zegt sergeant Strict. "Het kost je werkelijk tweehonderdtwaalf dollar want je zal tweehonderd dollar betalen om je auto te drogen. Hier is de boete. Nog een prettige dag" zegt de politieman. Hij gaf een boete voor de overtreden snelheid van tweehonderd dollar en het rijbewijs aan de snelheidsovertreder en gaat terug naar de politieauto.
"Frank, Ik denk dat je veel ervaring hebt met snelheidsovertreders, niet?" vraagt David de politieman.
" Ik heb er al veel ontmoet" zegt Frank de motor startend, "Eerst kijken ze als kwade tijgers of sluwe vossen. Maar nadat ik met hen heb gesproken zijn ze zo bang als katten of stomme aapjes. Zoals die in de blauwe auto."

Ondertussen reed een kleine witte auto traag langs een straat niet ver van het stadspark. De auto stopte bij een winkel. Een man en een vrouw stappen uit en gaan naar de winkel. Hij was gesloten. De man kijkt rond. Dan neemt hij snel enkele sleutels en probeert om de deur te openen. Eindelijk opent de deur en gaan ze naar binnen.
"Kijk! Er zijn hier zoveel rokken!" zegt de vrouw. Ze nam een grote zak en begon er alles in te stoppen. Wanneer de zak vol was, bracht ze die naar de auto en kwam terug.
"Neem snel alles! Oh wat een prachtige hoed!" zegt de man. Hij nam een grote zwarte hoed van de winkelvenster en zet die op.
"Kijk naar die rode rok! Ik heb die zo graag!" zegt de vrouw en doet de rode rok snel aan. Ze heeft geen zakken meer. Dus nam ze meer dingen in haar handen, liep naar buiten en legt ze in de auto. Dan liep ze naar binnen om meer dingen te brengen.
De politieauto P07 reed langzaam langs het stadspark wanneer de radio begon te spreken: "Opgepast alle

an hour. The speed limit is fifty," the sergeant said.
"Ah, this. You see, I have just washed my car. So I was driving a little faster to dry it up," the man said with a sly smile.
"Does it cost much to wash the car?" the policeman asked.
"Not much. It cost twelve dollars," the speeder said.
"You do not know the prices," sergeant Strict said, "It really costs you two hundred and twelve dollars because you will pay two hundred dollars for drying the car. Here is the ticket. Have a nice day," the policeman said. He gave a speeding ticket for two hundred dollars and the driving license to the speeder and went back to the police car.
"Frank, I think you have lots of experiences with speeders, haven't you?" David asked the policeman.
"I have met many of them," Frank said starting the engine, "At first they look like angry tigers or sly foxes. But after I speak with them, they look like afraid kittens or silly monkeys. Like that one in the blue car."

Meanwhile a little white car was slowly driving along a street not far from the city park. The car stopped near a shop. A man and a woman got out of the car and went up to the shop. It was closed. The man looked around. Then he quickly took out some keys and tried to open the door. At last he opened it and they went inside.
"Look! There are so many dresses here!" the woman said. She took out a big bag and began to put in everything there. When the bag was full, she took it to the car and came back.
"Take everything quickly! Oh! What a wonderful hat!" the man said. He took from the shop window a big black hat and put it on.
"Look at this red dress! I like it so much!" the woman said and quickly put on the red dress. She did not have more bags. So she took more things in her hands, ran outside and put them on the car. Then she ran inside to bring more things.
The police car P07 was slowly driving along the city park when the radio began to talk:
"Attention all patrols. We have got a robbery

patrouilles. We hebben een inbraakalarm van een winkel aan het stadspark. Het adres van de winkel is 72 Park Street."
"P07 heeft het," zegt Frank in de microoon, "Ik ben heel dicht bij deze plaats. Ik rijd er heen." Ze vonden de winkel heel snel en rijden naar de witte wagen. Dan stappen ze uit de auto en verstoppen zich erachter. De vrouw in de nieuwe rode rok liep uit de winkel. Ze legde enkele rokken op de politieauto en liep terug naar de winkel. De vrouw deed het zo snel. Ze zag niet dat het een politieauto was.
"Verdomme! Ik vergat mijn geweer in het politiestation!" zegt Frank. Robert en David keken naar sergeant Strict en dan verrast naar elkaar. De politieman was zo verward dat David en Robert begrepen dat ze hem moesten helpen. De vrouw liep opnieuw uit de winkel, legt enkele rokken op de politieauto en liep terug. Dan zei David tegen Frank: "We kunnen doen alsof we geweren hebben."
"Laten we het doen," antwoordt Frank, "Maar jullie mogen niet recht staan. De dieven kunnen geweren hebben," zegt hij en roept dan, "Dit is de politie! Iedereen die in de winkel is, steek jullie handen in de lucht en kom langzaam één per één uit de winkel!"
Ze wachten een minuut. Niemand komt naar buiten. Dan heeft Robert een idee.
"Als jullie nu niet naar buiten komen, sturen we de politiehond naar jullie!" roept hij en blaft dan als een grote, kwade hond. De dieven liepen onmiddellijk naar buiten met hun handen omhoog. Frank doet snel hun handboeien om en brengt hen in de politieauto. Dan zegt hij tegen Robert: "Dat was een fantastisch idee om te doen alsof we een hond hebben! Weet je, ik heb mijn geweer al twee keer vergeten. Als ze ontdekken dat ik hem nu een derde keer vergeten ben, kunnen ze me ontslaan of bureauwerk laten doen. Je zal het niemand zeggen, nietwaar?
"Zeker niet!" zegt Robert.
"Nooit" zegt David.
"Heel erg bedankt om me te helpen, jongens!" Frank schudt hun handen heel hard.

alarm from a shop near the city park. The address of the shop is 72 Park street."
"P07 got it," Frank said in the mic, "I am very close to this place. Drive there." They found the shop very quickly and drove up to the white car. Then they got out of the car and hid behind it. The woman in new red dress ran out of the shop. She put some dresses on the police car and ran back in the shop. The woman did it very quickly. She did not see that it was a police car!
"Damn it! I forgot my gun in the police station!" Frank said. Robert and David looked at the sergeant Strict and then surprised at each other. The policeman was so confused that David and Robert understood they must help him. The woman ran out of the shop again, put some dresses on the police car and ran back. Then David said to Frank: "We can pretend that we have guns."
"Let's do it," Frank answered, "But you do not get up. The thieves may have guns," he said and then cried, "This is the police speaking! Everybody who is inside the shop put your hands up and come slowly one by one out of the shop!"
They waited for a minute. Nobody came out. Then Robert had an idea.
"If you will not come out now, we will set the police dog on you!" he cried and then barked like a big angry dog. The thieves ran out with hands up immediately. Frank quickly put handcuffs on them and got them to the police car. Then he said to Robert: "It was a great idea pretending that we have a dog! You see, I have forgotten my gun two times already. If they learn that I have forgotten it for the third time, they may fire me or make me do office work. You will not tell anybody about it, will you?"
"Sure, not!" Robert said.
"Never," David said.
"Thank you very much for helping me, guys!" Frank shook their hands strongly.

28

De politiepatrouille (deel 2)
The police patrol (part 2)

A

Woordenschat
Words

1. antwoordde - answered
2. bellen, rinkelen - rang
3. beschermen - protect
4. bewusteloos - unconscious
5. dief - robber
6. drukken - press
7. gedraaid - turned
8. geheim - secretly
9. geld - cash
10. genomen - taken
11. geopend - opened
12. gestolen - stolen
13. gewoonlijk - usual
14. gisteren - yesterday
15. glas - glass
16. GSM - mobile
17. iemand - somebody
18. inbraak, overval - robbery
19. kassa - cash register; kassier - cashier, teller
20. kluis - safe
21. knoop - button
22. mannen - men
23. met hoogachting - yours sincerely
24. mijn - mine
25. nog - yet
26. ook - either, too, also
27. ricochet - ricochet
28. schot - shot
29. slim - clever
30. telefoon - phone; telefoneren - to phone
31. verontschuldigen - excuse; Excuseer me - Excuse me.
32. weg - gone
33. wiens - whose
34. winkelcentrum - shopping center
35. zag - saw
36. zak - pocket
37. zeldzaam - seldom

B

De politiepatrouille (deel 2)

De volgende dag vergezellen Robert en David Frank opnieuw. Ze stonden dicht bij een groot winkelcentrum wanneer een vrouw naar hen kwam.
"Kan je me helpen aub?" vroeg ze.
"Natuurlijk mevrouw. Wat is er gebeurt?" vroeg Frank.
"Mijn GSM is verdwenen. Ik denk dat hij gestolen is."
"Is hij gebruikt vandaag?" vroeg de politieman.
"Hij is gebruikt vandaag door mij voor ik uit het winkelcentrum vertrok," antwoordde ze.
"Laten we naar binnen gaan," zei Frank. Ze gingen in het winkelcentrum en keken rond. Er waren veel mensen.
"Laten we een oude truc gebruiken," zei Frank zijn eigen telefoon nemend. "Wat is je telefoonnummer?" vroeg hij de vrouw. Ze zei het en hij belde haar telefoonnummer. Een GSM rinkelt niet ver van hen vandaan. Ze gingen naar de plaats waar het rinkelde. Er was een wachtrij. Een man in de wachtrij keek naar de politieman en draaide dan snel zijn hoofd weg. De politieman kwam aandachtig luisterend dichter. De telefoon rinkelde in de zak van de man.
"Excuseer me," zei Frank. De man keek naar hem.
"Excuseer me, je telefoon rinkelt" zei Frank.
"Waar?" zei de man.
"Hier in je zak," zei Frank.
"Nee, het rinkelde niet," zei de man.
"Ja, hoor" zei Frank.
"Het is niet de mijne" zei de man.
"Wiens GSM rinkelt dan in je zak?" vroeg Frank.
"Ik weet het niet," antwoordde de man.
"Laat me eens kijken aub," zei Frank en nam de telefoon uit de zak van de man.
"Oh, het is de mijne!" roept de vrouw.
"Pak je telefoon, mevrouw" zei Frank het gevend aan haar.
"Mag ik, mijnheer?" Vroeg Frank en steekt opnieuw zijn hand in de zak van de man. Hij neemt er nog een andere telefoon uit en dan nog één.

96

The police patrol (part 2)

Next day Robert and David were accompanying Frank again. They were standing near a big shopping centre when a woman came to them.
"Can you help me please?" she asked.
"Sure, madam. What has happened?" Frank asked.
"My mobile phone is gone. I think it has been stolen."
"Has it been used today?" the policeman asked.
"It had been used by me before I went out of the shopping centre," she answered.
"Let's get inside," Frank said. They went into the shopping centre and looked around. There were many people there.
"Let's try an old trick." Frank said taking out his own phone, "What is your telephone number?" he asked the woman. She said and he called her telephone number. A mobile telephone rang not far from them. They went to the place where it was ringing. There was a queue there. A man in the queue looked at the policeman and then quickly turned his head away. The policeman came closer listening carefully. The telephone was ringing in the man's pocket.
"Excuse me," Frank said. The man looked at him.
"Excuse me, your telephone is ringing," Frank said.
"Where?" the man said.
"Here, in your pocket," Frank said.
"No, it is not," the man said.
"Yes, it is," Frank said
"It is not mine," the man said.
"Then whose telephone is ringing in your pocket?" Frank asked.
"I do not know," the man answered.
"Let me see, please," Frank said and took the telephone out of the man's pocket.
"Oh, it is mine!" the woman cried.
"Take your telephone, madam," Frank said giving it to her.
"May I, sir?" Frank asked and put his hand in the man's pocket again. He took out another telephone, and then one more.

"Zijn deze ook niet van jou?" Vroeg Frank de man.
De man schudde zijn hoofd wegkijkend.
"Vreemde telefoons!" roept Frank, "Ze liepen weg van hun eigenaars en springen in de zak van deze man! En nu rinkelen ze in je zakken, nietwaar?"
"Ja, dat doen ze," zei de man.
"Weet je, mijn baan is om mensen te beschermen. En ik zal je beschermen tegen hen. Ga naar mijn auto en ik zal je naar een plaats brengen waar er geen telefoons zijn die in je zakken kunnen springen. We gaan naar het politiebureau" zei de politieagent. Dan nam hij de man bij de arm en nam hem naar de politieauto.
"Ik heb stomme criminelen graag" lachtte Frank Strict nadat ze de dief naar het politiebureau brachten.
"Heb je er slimme ontmoet?" vraagt David.
"Ja, maar zelden" antwoordde de politieman, "Omdat het heel moeilijk is om een slimme crimineel te vangen."

Ondertussen gingen twee mannen binnen bij de Express Bank. Eén van hen neemt plaats in de wachtrij. Een andere ging naar de kassa en gaf de kassier een brief. De kassier nam het papier en leest:
Geachte mijnheer, dit is een overval van de Express Bank. Geef me al het geld. Als je het niet doet, dan zal ik mijn geweer gebruiken. Bedankt. Met hoogachting, Bob"
"Ik denk dat ik je kan helpen," zegt de kassier terwijl hij in het geheim op de alarmknop drukt, "Maar het geld is gisteren in de kluis opgesloten door mij. De safe is nog niet geopend. Ik zal iemand vragen om de kluis te openen en het geld te brengen. Ok?
"Ok! Maar doe het snel!" antwoordde de overvaller.
"Zal ik een kop koffie maken voor je terwijl het geld in zakken gestopt wordt?" vroeg de kassier.
"Nee, bedankt. Enkel het geld" antwoordde de overvaller.

De radio in politieauto P07 begon te spreken:
"Opgepast alle patrouilles. We hebben een overvalalarm van de Express Bank."
"P07 heeft het," antwoordde sergeant Strict. Hij duwt op het gaspedaal en de auto start snel. Wanneer ze aankomen bij de bank zijn er nog geen andere

"Are they not yours either?" Frank asked the man.
The man shook his head looking away.
"What strange telephones!" Frank cried, "They ran away from their owners and jump into the pockets of this man! And now they are ringing in his pockets, aren't they?"
"Yes, they are," the man said.
"You know, my job is to protect people. And I will protect you from them. Get in my car and I will bring you to the place where no telephone can jump in your pocket. We go to the police station," the policeman said. Then he took the man by the arm and took him to the police car.
"I like silly criminals," Frank Strict smiled after they had taken the thief to the police station.
"Have you met smart ones?" David asked.
"Yes, I have. But very seldom," the policeman answered, "Because it is very hard to catch a smart criminal."

Meanwhile two men came into the Express Bank. One of them took a place in a queue. Another one came up to the cash register and gave a paper to the cashier. The cashier took the paper and read:
"Dear Sir,
this is a robbery of the Express Bank. Give me all the cash. If you do not, then I will use my gun. Thank you.
Sincerely yours,
Bob"
"I think I can help you," the cashier said pressing secretly the alarm button, "But the money had been locked by me in the safe yesterday. The safe has not been opened yet. I will ask somebody to open the safe and bring the money. Okay?"
"Okay! But do it quickly!" the robber answered.
"Shall I make you a cup of coffee while the money is being put in bags?" the cashier asked.
"No, thank you. Just money," the robber answered.

The radio in the police car P07 began to talk: "Attention all the patrols. We have got a robbery alarm from the Express Bank."
"P07 got it," sergeant Strict answered. He

politieauto's.

"We zullen een interessant rapport maken als we naar binnen gaan," zei David.

"Jullie jongens doen wat je moet doen. En ik ga naar binnen via de achterdeur," zei sergeant Strict.

Hij neemt zijn geweer en gaat snel naar de achterdeur van de bank. David en Robert gaan in de bank via de hoofddeur. Ze zagen een man staan bij de kassa. Hij stak één hand in zijn zak en keek rond. De man die met hem meekwam, stapte uit de wachtrij en ging naar hem.

"Waar is het geld?" vroeg hij aan Bob.

"Roger, de kassier zei dat het in zakken wordt gestopt," antwoordde de andere overvaller.

"Ik ben het wachten beu!' zei Roger. Hij nam zijn geweer en hield de kassier onder schot, "Breng nu al het geld!" riep de overvaller naar de kassier. Dan ging hij naar het midden van de kamer en riep: "Dit is een overval' Niemand beweegt!" Op dit moment bewoog iemand bij de kassa. De overvaller schoot zonder te kijken naar hem. De andere overvaller viel op de vloer en riep: "Roger! Jij idioot! Verdomme! Je hebt me neergeschoten!"

"Oh, Bobby! Ik had niet gezien dat het jij was!" zei Roger. Op dit moment liep de kassier snel weg.

"De kassier is weggelopen en het geld is hier nog niet gebracht!" riep Roger naar Bob, "De politie kan hier elk moment aankomen! Wat zullen we doen?"

"Neem iets groot, breek het glas en pak het geld. Snel!" riep Bob. Roger nam een metalen stoel en sloeg op het glas van de kassa. Het was natuurlijk geen normaal glas en het brak niet. Maar de stoel ricochet terug en raakt de overvaller op het hoofd! Hij viel bewusteloos op de vloer. Op dit moment liep sergeant Strict naar binnen en doet snel de handboeien om bij de overvallers. Hij draaide naar David en Robert.

"Ik heb het gezegd! De meeste criminelen zijn maar stom!" zei hij.

stepped on the gas up to the stop and the car started quickly. When they drove up to the bank, there was no other police car yet.

"We will make an interesting report if we go inside," David said.

"You guys do what you need. And I will come inside through the back door," sergeant Strict said. He took out his gun and went quickly to the back door of the bank. David and Robert came into the bank through the central door. They saw a man standing near the cash register. He put one hand in his pocket and looked around. The man, who came with him, stepped away from the queue and came up to him.

"Where is the money?" he asked Bob.

"Roger, the cashier has said that it is being put in bags," another robber answered.

"I am tired of waiting!" Roger said. He took out a gun and pointed it to the cashier, "Bring all the money now!" the robber cried at the cashier. Then he went to the middle of the room and cried: "Listen all! This is a robbery! Nobody move!" At this moment somebody near the cash register moved. The robber with the gun without looking shot at him. Another robber fell on the floor and cried: "Roger! You idiot! Damn it! You have shot me!"

"Oh, Bobby! I did not see that it was you!" Roger said. At this moment the cashier quickly ran out.

"The cashier has run away and the money has not been taken here yet!" Roger cried to Bob, "The police may arrive soon! What shall we do?"

"Take something big, break the glass and take the money. Quickly!" Bob cried. Roger took a metal chair and hit the glass of the cash register. It was of course not usual glass and it did not break. But the chair went back by ricochet and hit the robber on the head! He fell on the floor unconsciously. At this moment sergeant Strict ran inside and quickly put handcuffs on the robbers. He turned to David and Robert.

"I did say! Most criminals are just silly!" he said.

29

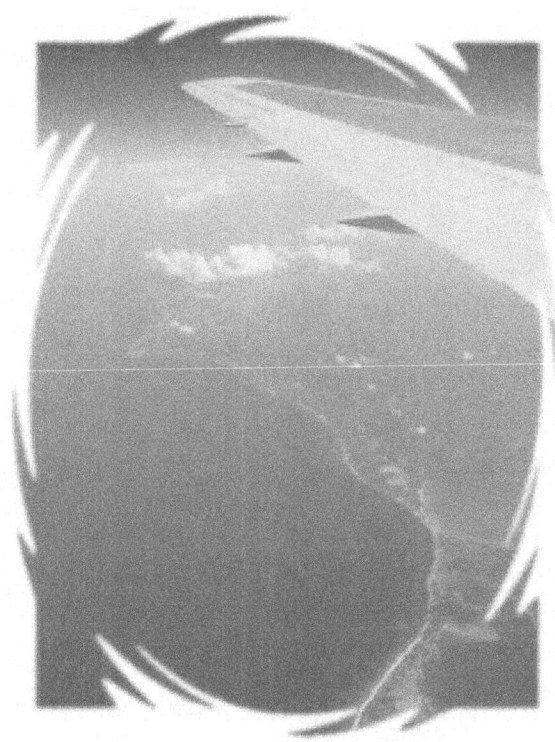

School voor Buitenlandse Studenten (SBS) en au pair
School for Foreign Students (SFS) and au pair

A

Woordenschat
Words

1. afgelopen - passed
2. als, sinds - as, since *(kausal)*
3. bediende - servant
4. betaalde - paid
5. betalen - pay
6. bezocht - visited
7. brief - letter
8. competitie - competition
9. cursus - course
10. datum - date
11. de Verenigde Staten/ de VS - the United States/the USA
12. deelnemer - participant
13. dichtst - nearest
14. dochter - daughter
15. dorp - village
16. éénmaal - once
17. e-mail - e-mail
18. gastheer - host; de gastfamilie - the host family
19. gezonden - sent
20. hoop - hope
21. kiezen - choose
22. koos - chose
23. land - country
24. leefde - lived
25. leren - learning
26. mogelijkheid - possibility

27. Noord-Amerika en Eurazië - North America and Eurasia
28. onrechtvaardig - unfair
29. ook - also
30. oudere - elder
31. overeenkomst - agreement
32. persoon - person
33. probleem - problem
34. roepen - called
35. schreef - wrote
36. sinds - since *(temporal)*
37. standaard - standard
38. tweemaal - twice
39. verandering - change; veranderen - to change
40. verenigen - join
41. website - Internet site

School voor Buitenlandse studenten (SBS) en au pair

School for Foreigner Students (SFS) and au pair

Roberts zus, broer en ouders leefden in Duitsland. Ze leefden in Hannover. De zus haar naam was Gabi. Ze was twintig jaar oud. Ze had Engels geleerd sinds ze elf jaar was. Sinds Gabi vijftien jaar was, wilde ze deelnemen aan het programma SBS. SBS geeft de mogelijkheid aan sommige hogeschoolstudenten uit Eurazië om een jaar in de VS door te brengen, levend bij een gastfamilie en studerend aan een Amerikaanse school. Het programma is gratis. Vliegtuigtickets, leven met de familie, eten, studeren aan een Amerikaanse school worden betaald door de SFS. Maar tegen dat ze de informatie had over de competitiedatum van de website, was de wedstrijddatum voorbij. Dan leerde ze over het programma voor au pair. Dit programma geeft de deelnemers de mogelijkheid om één of twee jaar door te brengen in een ander land en te leven bij een gastfamilie, zorgen voor kinderen en een taalcursus te volgen. Aangezien Robert studeerde in San Francisco, schreef Gabi hem een e-mail. Ze vroeg hem een gastfamilie te vinden in de VS. Robert keek in enkele kranten en websites met advertenties. Hij vond enkele gastfamilies uit de VS op http://www.aupair-world.net/ en op http://www.placementaupair.com/. Dan bezocht Robert enkele au pair agentschappen in San Francisco. Hij werd geholpen door een vrouw. Haar naam was Alice Sunflower.
"Mijn zus komt uit Duitsland. Ze zou graag een au pair worden bij een Amerikaanse familie. Kan je me

Robert's sister, brother and parents lived in Germany. They lived in Hannover. The sister's name was Gabi. She was twenty years old. She had learned English since she was eleven years old. When Gabi was fifteen years old, she wanted to take part in the program SFS. SFS gives the possibility for some high school students from Eurasia to spend a year in the USA, living with a host family and studying in an American school. The program is free. Airplane tickets, living with a family, food, studying at American school are paid by SFS. But by the time when she got the information about the competition date from the Internet site, the competition day had passed.
Then she learned about the program de au pair. This program gives its participants the possibility to spend a year or two in another country living with a host family, looking after children and learning at a language course. Since Robert was studying in San Francisco, Gabi wrote him an e-mail. She asked him to find a host family for her in the USA. Robert looked through some newspapers and Internet sites with adverts. He found some host families from the USA on http://www.aupair-world.net/ and on http://www.placementaupair.com/. Then Robert visited an au pair agency in San Francisco. He was consulted by a woman. Her name was Alice Sunflower.
"My sister is from Germany. She would like to be an au pair with an American family. Can you help on this matter?" Robert asked Alice.

hiermee helpen?" vroeg Robert aan Alice.
"Ik wil je graag helpen. We plaatsen au pairs bij families over de hele VS. Een au pair is een persoon die toetreedt tot het gastgezin om te helpen in het huishouden en zorgt voor de kinderen. De gastfamilie geeft de au pair eten, een kamer en zakgeld. Het zakgeld kan van 200 tot 600 dollar gaan. Het gastgezin moet ook betalen voor de taalcursus van de au pair." zei Alice.
"Zijn er goede en slechte families?" vroeg Robert.
"Er zijn twee problemen met het kiezen van een familie. Ten eerste denken sommige families dat een au pair een bediende is die alles moet doen in huis inclusief koken voor de hele familie, schoonmaken, wassen, in de tuin werken etc. Maar een au pair is geen bediende. Een au pair is zoals een oudere zus of zoon van de familie die de ouders helpt met de jongere kinderen. Om hun rechten te beschermen, moeten au pairs een akkoord uitwerken met de gastfamilie. Geloof geen au pair agentschappen of gastfamilies die zeggen dat ze met een standaardakkoord werken. Er is geen standaardakkoord. De au pair kan veranderingen aanbrengen aan het akkoord als het onrechtvaardig is. Alles wat een au pair en gastfamilie zullen doen, moet opgeschreven worden in het akkoord. Het tweede probleem is dit: Sommige families leven in kleine dorpen waar er geen taalcursussen zijn en slechts enkele plaatsen waar een au pair naar toe kan gaan in haar vrije tijd. In deze omstandigheden is het noodzakelijk dat het akkoord inhoudt dat de gastfamilie moet betalen voor twee tickets heen en terug naar het dichtsbijzijnde dorp wanneer de au pair daarheen gaat. Het kan éénmaal of tweemaal per week zijn."
"Ik begrijp het. Mijn zus zou graag een familie hebben in San Francisco. Kunnen jullie een goede familie vinden in deze stad?" vroeg Robert.
"Wel, er zijn nu ongeveer twintig families uit San Francisco," antwoordde Alice. Ze telefoneert enkele. De gastfamilies zijn blij om een au pair te hebben uit Duitsland. De meeste families willen een brief met een foto krijgen van Gabi. Sommigen willen haar ook bellen om zeker te zijn dat ze een beetje Engels kan spreken. Dus Robert geeft hen haar telefoonnummer. Sommige gastfamilies belden Gabi. Dan schreef ze hen een brief. Ten slotte koos ze een geschikte familie

"I will be glad to help you. We place au pairs with families all over the USA. An au pair is a person who joins a host family to help around the house and look after children. The host family gives the au pair food, a room and pocket money. Pocket money may be from 200 to 600 dollars. The host family must pay for a language course for the au pair as well," Alice said.
"Are there good and bad families?" Robert asked.
"There are two problems about choosing a family. First some families think that an au pair is a servant who must do everything in the house including cooking for all family members, cleaning, washing, working in the garden etc. But an au pair is not a servant. An au pair is like an elder daughter or son of the family who helps parents with younger children. To protect their rights au pairs must work out an agreement with the host family. Do not believe it when some au pair agencies or host families say that they use a "standard" agreement. There is no standard agreement. The au pair can change any part of the agreement if it is unfair. Everything that an au pair and host family will do must be written in an agreement.
The second problem is this: Some families live in small villages where there are no language courses and few places where an au pair can go in free time. In this situation it is necessary to include in the agreement that the host family must pay for two way tickets to the nearest big town when the au pair goes there. It may be once or twice a week."
"I see. My sister would like a family from San Francisco. Can you find a good family in this city?" Robert asked.
"Well, there are about twenty families from San Francisco now," Alice answered. *She telephoned some of them. The host families were glad to have an au pair from Germany. Most of the families wanted to get a letter with a photograph from Gabi. Some of them also wanted to telephone her to be sure that she can speak English a little. So Robert gave them her telephone number.*
Some host families called Gabi. Then she sent them letters. At last she chose a suitable family

en met de hulp van Alice werkten ze een overeenkomst uit met hen. De familie betaalde voor het ticket van Duitsland naar de VS. Tenslotte startte Gabi in de VS vol hoop en dromen.

and with the help of Alice worked out an agreement with them. The family paid for the ticket from Germany to the USA. At last Gabi started for the USA full of hopes and dreams.

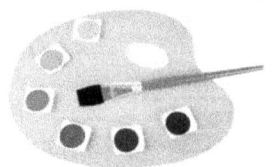

Dutch-English dictionary

aanbevelen - recommend
aanbeveling - recommendation
aanbevolen - recommended
aanbiedingen - ad
aandacht - attention
aandacht besteden - pay attention to
aandachtig luisteren - listen carefully
aandoen - put on, turn on
aangekomen - arrived
aankomen - arrive, get (somewhere)
aankomst - finish; aankomen - to finish
aanleren - teach
aap - monkey
aarde - earth
acht - eight
achter - behind
achtervolging - pursuit
achtste - eighth
adres - address
advertentie - advert
afgelopen - passed
agentschap - agency
airshow - airshow
akkoord gaan - agree
al - already
alarm - alarm
alhoewel - although
allemaal - all
alles - everything
als - as
als, sinds - as, since *(kausal)*
alstublieft, alsjeblieft, aub - please
altijd - always
Amerikaans - American
andere - other
anders - else
antwoordapparaat - answering machine
antwoordde - answered
antwoorden - answer
apotheek - pharmacy
arbeider - worker
arm - arm: poor
artiest - artist
aspirine - aspirin
asterisk - asterisk
auto - car
avond - evening

avontuur - adventure
baan - job; uitzendbureau - job agency
badkamer - bathroom; bad - bath
badkamertafel - bathroom table
bang - afraid
bank - bank
bed - bed
bedanken - thank; bedankt - thank you, thanks
bedden - beds
bediende - servant
bedienen - serve
been - leg
begeleiden - accompanied: accompany
beginnen - begin
begreep - understood
begrijpen - understand
bekijken - look
bekomen - get
bekwaamheid - skill
bel - ring; bellen, rinkelen - to ring
belangrijk - important
bellen - call
bellen, rinkelen - rang
beroep - profession
beschermen - protect
betaalde - paid
betalen - pay
beter - better
bevel - order
bevriezen - freeze
bevrijden - set free
bewoog - moved
bewusteloos - unconscious
bezocht - visited
bieptoon - beep
bij - at
bijten - bite
bijvoorbeeld - for example
binnen - inside
blad - sheet (of paper)
blaffen - barked
blauw - blue
bleek - pale
blijven - remain
bloem - flower
boek - book
boekenkast - bookcase

boer - farmer
boerderij - farm
bord - plate
boter - butter
boven, over - over, across
brengen - bring
brief - letter
broek - trousers
broer - brother
brood - bread
broodje - sandwich
brug - bridge
buiten - outdoors
buiten gebruik - out of order
buitenaards, alien - alien
bus - bus; de bus nemen - go by bus
buur - neighbour
cadeau - gift
café - café
Canada - Canada
Canadees - Canadian
CD - CD
CD-speler - CD player
centrum - centre; stadscentrum - city centre
ceremonie - ceremony
chauffeur - driver
chemicaliën - chemicals
chemie - chemistry
chemisch - chemical *(adj)*
club - club
collega - colleague
competitie - competition
computer - computer
constant - constant
consultancy - consultancy
consultant - consultant
consulteren - consult
controle - control
controleren - check
co-ordinatie - co-ordination
correct - correct, correctly; corrigeren - to correct
creatief - creative
crimineel - criminal
cursus - course
daar, er - there
dag - day; dagelijks - daily
dag, bye - bye
dak - roof
dan - than; George is ouder dan Linda - George is older than Linda.

dan - then
dansen - dance
dansend - dancing
dat, die - that *(conj)*; Ik weet dat dit book interessant is. - I know that this book is interesting.
datum - date
Davids boek - David's book
de Verenigde Staten/ de VS - the United States/the USA
deed - did
deel - part
deelnemen - take part
deelnemer - participant
denken - think
denkwerk - mental work
derde - third
dertig - thirty
design - design
deur - door
deze dingen - this stuff
deze, die - these, those
dicht - close
dichtbij - close: near, nearby, next
dichter - closer
dichtst - nearest
dief - robber: thief
dier - animal
dierenarts - vet
dierentuin - zoo
dieven - thieves
ding - thing
dit, deze - this; dit boek - this book
dochter - daughter
dodelijk - deadly
doen - do
doen alsof - pretend
dokter - doctor
dom - silly
donker - dark
door - through
doos - box
dorp - village
draaien - turn
drie - three
drijven - float
drinken - drink
dromen - to dream
droog - dry *(adj)*; drogen - to dry
droom - dream

drukken - press
duidelijk - OK, well
Duits - German
duizend - thousand
duren - last, take; De film duurt langer dan drie uur. - The movie lasts more than three hours.
duwen - push
DVD - DVD
echt - real
één - one
een andere - another
een jaar geleden - a year ago
een paar - some
één per één - one by one
één van jullie - either of you
éénentwintig - twenty-one
éénmaal - once
éénvoudig - just
eerst - at first
eigen - own
eigenaar - owner
elektrisch - electric
elf - eleven
elkaar kennen - know each other
elke - every
e-mail - e-mail
emmer - pail
en - and
energie - energy
enkel - only
enkele - any: some
ernstig - seriously
ervaring - experience
etc. - etc.
eten - eat
excuseer me - Excuse me.
familie - family
favoriete - favourite
favoriete film - favourite film
fiets - bike
film - film
financiën - finance
firma - company: firm
firmas - firms
formulier - form
fornuis - cooker
foto - picture
fotograferen - photograph; fotograaf - photographer
fout, verkeerd - incorrectly

gaan - go, walk; Ik ga naar de bank. - I go to the bank.
gas - gas
gast - guest
gastfamilie - the host family
gastheer - host
gebeuren - happen
gebeurt - happened
gebruiken - use
gedanst - danced
gedood - killed
gedraaid - turned
geel - yellow
gehaast - rushed
geheim - secret: secretly
gekleed - dressed
geld - money, cash
geleden - ago
geloven - believe; zijn ogen niet geloven - to not believe one's eyes
geluk - happiness
gelukkig - glad: happy
genezen, behandelen - rehabilitate
genezing, behandeling - rehabilitation
genieten - enjoy
genomen - taken
geopend - opened
geschat - estimated
geslacht - sex
gesloten - closed
gestolen - stolen
gestopt - stopped
geven - give, hand
gevoel - feeling
gevonden - found
gevraagd - asked
gevuld - stuffed; gevulde parachute, valsschermspringerspop - stuffed parachutist
geweer - gun
gewerkt - worked
gewild - wanted
gewoonlijk - usual
gezicht - face
gezonden - sent
gezondheid - health
gieten - pour
gisteren - yesterday
glas - glass
goed - fine: good, well
golf - wave

gordel - seat belts
graag hebben, houden van - like, love
grappig - funny
grijs - grey
groen - green
groot / groter / grootst - big / bigger / the biggest
groter - bigger
GSM - mobile
haar - hair
haar - her; haar boek - her book
had - had
half - half
half negen - at half past eight
hallo - hello; hi
handboeien - handcuffs
handenarbeid - manual work
handset - phone handset
haten - hate
hebben - have; hij/zij heeft - he/she/it has; Hij heeft een boek. He has a book.
heel - very
helper - helper
hem - him
herinnerde - remembered
het - it
hetzelfde - the same
Hey! - Hey!
hield van - loved
hier - here (a direction)
hier - here (a place); hier is - here is
hij - he
hoe - how
hoed - hat
hond - dog
honderd - hundred
honger - hungry, Ik heb honger - I am hungry.
hoofd - head; gaan - to head, to go
hoofd, centraal - central
hoog - high
hoop - hope
hoorde - heard
horloge - watch
hotel - hotel
hotels - hotels
huilen - cry, cried
huis - home; naar huis gaan - go home
huisdier - pet
huiswerk - homework
hulp - help; helpen - to help
hun - their

idee - idea
iedereen - everybody
iemand - somebody
iets - anything, something
ijs - ice-cream
ik - I; Ik luister naar muziek - I listen to music.
in - in, into
in de plaats - instead
in plaats van - instead of; in plaats van jou - instead of you
inbraak, overval - robbery
individueel - individually
informatie - information
informeert - informed
informeren - inform
ingenieur - engineer
inschakelen - switched on
interessant - interesting
ja - yes
jaar - year
jankend - howling
jas - jacket
je, jij - you
jij, je - you
jong - young
jongen - boy; guy
journalist - journalist
jouw - your
juffrouw - Miss
kaart - map
kabel - cable
kamer - room
kamers - rooms
kangoeroe - kangaroo
kans - chance
kantoor - office
kapitein - captain
kassa - cash register; kassier - cashier, teller
kat - cat; kitten
keek - looked
ketel - kettle
keuken - kitchen
kiezen - choose
kijken - see
kilometer - kilometer
kind - child
kinderen - children
klaar - finished; ready
klant - customer
klas - class

klaslokaal - classroom
kleding - clothes
klein - little; small
kleuterschool - kindergarten
kluis - safe
knoop - button
koffie - coffee
koffiemachine - maker
koken - cooking
komen / gaan - come / go
kon - could
koos - chose
kopen - buy
kort - short
kosten - cost
koud - cold *(adj)*
koude - coldness
kraan - tap
krant - newspaper
krijgen - get (something)
kristal - crystal
kruik - jar
kunnen - can; Ik kan lezen. - I can read.
kunst - art
kussen - kiss
kust - shore; seashore
kwaad - angry
laat ons - let us
lach - smile
lachen - laugh; to smile
lachte - smiled
laden - load; lader - loader
land - country
landen - land
lang - long
langs - along
laser - laser
lastig vallen - bother
laten - let
leefde - lived
leeftijd - age
leeg - blank, empty
leeuw - lion
leider - leader
lekker - tasty
leraar - teacher
leren - learn
leren kennen - met
leren over - learned about
les -lesson

lessenaar - desk
leuk vinden - like; ik vind dat leuk - I like that.
leven - life; to live
levensreddende truc - life-saving trick
lezen - read; reading
lichtelijk - slightly
lid - member
lief hebben - to love
liefde - love
lieve, geachte - dear
lift - lift
lijst - list
limiet - limit
links - left
lopen - running
lossen - unload
lucht - air
luidop - aloud
luisteren - listen
Maak je geen zorgen! - Do not worry!
maandag - Monday
maar - but
machine - machine
magazine - magazine
maken - make
mama, moeder - mom, mother
man - man
mannelijk - male
mannen - men
matras - mattress
medisch - medical
meer - lake; more
meisje - girl
menselijk - human
mensen - people
met - with
met de fiets rijden - go by bike, ride a bike
met hoogachting - yours sincerely
metaal - metal
meteen - now
meter - meter
methode - method
meubilair, meubels -furniture
microfoon - microphone
mij - me
mijn - mine; my
Mijnheer, Mr. - mister, Mr.
Miljard - billion
minder - less
minuut - minute

moe - tired
moeder - mother
moedertaal - native language
moeilijk - difficult; hard
moeten - must; Ik moet gaan. - I must go.
mogelijk - possible
mogelijkheid - possibility
mogen, kunnen - may
mok - cup
moment - moment
monotoon - monotonous
mooi - beautiful; nice
moordenaar - killer
morgen - tomorrow
motor - engine
mug - mosquito
muziek - music
na - after; past
naam - name
naar beneden - down
nacht - night
nadien - after that
nat - wet
nationaliteit - nationality
natuur - nature
natuurlijk - of course
nee - no
neerzitten - sit down
negen - nine
negende - ninth
nemen - take; took
neus - nose
niemand - nobody
niet - not
niet mogen - must not
niets - nothing
nieuw - new
nodig hebben - need
nog - still; yet
nog één - one more
nooit - never
Noord-Amerika en Eurazië - North America and Eurasia
notitie - note
notitieboek - notebook
notitieboeken - notebooks
nu - now
nummer - number
ochtend - morning
of - if

ogen - eyes
Oh! - Oh!
okay, goed - okay, well
olie - oil
om één uur - at one o'clock
omdat - because
omgeving, nabijgelegen - nearness
onder - under
onderstrepen - underline
ondertussen - meanwhile
ongeval - accident
ongeveer - about
onmiddellijk - immediately
onrechtvaardig - unfair
ons - us
ons, onze - our
ontbijt - breakfast
ontbijten - have breakfast
ontmoeten - meet
ontwerp - composition
ontwerpen - compose
ontwikkelen - develop
oog - eye
ook - as well; either, too, also
oor - ear
oorlog - war
op - on
opeens - suddenly
openen - open
opleiding - education
oplossing - solution, answer
opnemen - record
opnieuw - again
opstaan - get up; Sta op! - Get up!
opvullen - fill up
opwarmen - warm up
ouder - parent
oudere - elder
over - over
overeenkomst - agreement
overigens - by the way
overval, inbraak - robbery
paniek - panic; panikeren - to panic
papier - paper
parachute - parachute
parachutist - parachutist
park - park
parken - parks
passend - suitable
patrouille - patrol

pauze - break, pause
pen - pen
pennen - pens
per uur - per hour
personeelsafdeling - personnel department
persoon - person
persoonlijk - personal
pil - pill
piloot - pilot
plaats - place
plan - plan
planeet - planet
plannen - to plan
plein - square
poes - pussycat
Polen - Poland
politie - police
politieagent - officer, policeman
pop - doll
positie - position
prachtig - wonderful
prijs - price
probeerde - tried
proberen - try
probleem - problem
produceren - produce
programma - program
programmeur - programmer
publiceren - publishing
publiek - audience
puppy - puppy
raadsel - mystery
radar - radar
radio - radio
rapporteren - report
rat - rat
rechts - right
redden - rescue; save
reddingsdienst - rescue service
reden - reason
regel - rule
regen - rain
reizen - travel
rem - brake
remmen - to brake
rennen, lopen - run
reporter - reporter
ricochet - ricochet
rij - queue
rijbewijs - driving license

rijden - drive; drove
roepen - called
rollen - pitch
rond - round
rondkijken - look around
rood - red
rubber - rubber
rubriek - rubric
ruimte - space
ruimteschip - spaceship
samen - together
schatten - estimate
schip - ship
school - school
schoon - clean
schoongemaakt - cleaned
schoonmaken - clean
schot - shot
schreef - wrote
schrijven - write
schrijver - writer
schudde - shook
schudden - shake
secretaresse - secretary
seizoen - season
sergeant - sergeant
serie - serial
simpel - simple
sinds - since *(temporal)*
sinds, terwijl - since, as
single - single
sirene - siren
situatie - situation
slaan - hit, beat
slaapzaal, studentenwoning - dorms
slagen voor een test - to pass a test
slapen - sleep; sleeping
slecht - bad
sleutel - key
slikken - swallow
slim - clever; smart
sluw - sly, slyly
snack - snack
snel - quick, quickly
snelheid - speed; te snel rijden - to speed
snelheidsovertreder - speeder
solliciteren - apply
soms - sometimes
soort - kind, type
Spaans - Spanish

spaniel - spaniel
speciaal - especially
speech - speech
speelgoed - toy
spelen - play; playing
spijt hebben - be sorry; Het spijt me - I am sorry.
spoedig - soon
sport - sport; sportwinkel - sport shop
sportfiets - sport bike
spreiden - spread
spreken - speak; talk
springen - jump
staan - stand
staart - tail
staat - status; burgerlijke staat - family status
stad - city; town
standaard - standard
stap - step; stappen - to step
stappen - step
stapte - stepped
starten - start; started (to drive)
steen - stone
stelen - steal
stem - voice
ster - star
sterk - strong, strongly
sterkte - strength
sterven - die
stierf - died
stil - quietly; silent, silently
stinkend - stinking
stoel - chair
stoppen - stop
straat - road; street
straten - streets
stroom - current
student - student
studenten - students
studentenhuis - dorms
studeren - study
sturen - steer
super, tof - great
supermarkt - supermarket
taak - task
taal - language
tafel - table
tafels - tables
tanker - tanker
taxi - taxi
taxichauffeur - taxi driver

110

te voet - on foot
team - team
tegelijkertijd - at the same time
tegen - against
tekst - text
telefoneren - call on the phone, to telephone;
callcenter - call centre
telefoon - telephone
televisie - television; TV-set
tenminste - at least
terug - back
terwijl - while
test - test
testen - to test
thee - tea
ticket - ticket
tien - ten
tiende - tenth
tijd - time
tijger - tiger
toekomst - future
toetsenbord - keyboard
tof - fun
toilet - toilet
tonen - show
toonde - showed
tot - until
tot ziens - goodbye
traag - slowly
trainen - train; getraind - trained
transport - transport
trappen - stairs
trein - train
treinstation - railway station
trekken - pull
treurig - sad
truc - trick
truck - truck
tuin - garden; yard
tussen - between
twaalf - twelve
twee - two
tweede - second
tweede naam - middle name
tweemaal - twice
twintig - twenty
uitdoen - turn off
uiteindelijk - at last
uitgeven - spend
uitgever - editor

uitleggen - explain
uitstappen - get off
universiteit - college
uur - hour; per uur - hourly
uur - o'clock; Het is twee uur - It is two o'clock.
vaak - often
vader - dad, daddy
vakboeken - textbook
val - fall
vallen - fallen
vallen - to fall
vallend - falling
van, uit - from; uit de VS - from the USA
vandaag - today
vangen - catch
vastmaken - fasten
veel, vele - lot, much, many; veel werk hebben - have a lot of work
veelzijdig - all
veld - field
venster - window
vensters - windows
ver - far
verandering - change; veranderen - to change
verder - further
verder kijken - continued to watch
verdienen - earn; Ik verdien 10 dollar per uur. - I earn 10 dollars per hour.
verdomme - damn
verenigen - join
vergeten - forget
verhaal - story
verkopen - sell
verkoper, verkoopster - shop assistant
verlaten - leave
verleden - past
verliezen - loose
vernietigen - destroy
verontschuldigen - excuse
verrassen - to surprise
verrassing - surprise
verrast - surprised
verschillend - different
verstoppen - hide
verstopper - hide-and-seek
verstopt - hid
vertaler - translator
verward - confused
videocassette - videocassette
videotheek - video-shop

viel - fell
vier - four
vierde - fourth
vierenveertig - forty-four
vijf - five
vijfde - fifth
vijfentwintig - twenty-five
vijftien - fifteen
vinden - find
vliegtuig - airplane
vloeien - flow
vloeiend - fluently
vloer - floor
vloog weg - flew away
voederen - feed
voedsel - food
voet - foot
vogel - bird
vol - full
voor - before; for
voorbeeld - example
voorbereiden - prepare
voorste - front
voortduren - continue
voorwielen - front wheels
voorzichtig - careful, carefully
vragen - ask
vragenlijst - questionnaire
vreemd - strange
vriend - friend, boyfriend
vriendelijk - friendly
vriendin - girlfriend
vrij - free; quite
vrije tijd - free time
vrouw - woman
vrouwelijk - female
VS - USA
vuil - dirty
vuur - fire
waar - where
wachte - waited
wachten - wait
walvis - whale, orka - killer whale
wandelen - walk, walking
wanneer - when
waren - were
warm - warm
was - was
wasmachine - washer
wassen - wash

wat, welke - what; Wat is dat? - What is this? Wat is er aan de hand? - What is the matter?
water - water
website - Internet site
week - week
weer - weather
wees aan - pointed
weg - gone, away; weg gaan - went away
weggaan - go away
weglopen - run away
weigeren - refuse
weinig - few; een paar - a few
welke - which; Welke tafel? - What table?
wereld - world
werkelijk - really
werkend - working
werkgever - employer
weten - know
wie - who
wiel - wheel
wiens - whose
wij - we
wijd - wide, widely
willen - will; want
wind - wind
winkel - shop
winkelcentrum - shopping center
winkels - shops
wist - knew
wit - white
woedend - angrily
woonkamer - living
woord - word
woorden - words
wordt vervolgd - be continued
wrijven - rub
zaad - seed
zag - saw

zak - bag; pocket
zand - sand
zaterdag - Saturday
zebra - zebra
zee - sea
zeggen - tell, say
zei - said
zeker - sure
zeldzaam - seldom
zes - six
zesde - sixth
zestig - sixty
zetel - seat; gaan zitten - take a seat
zeven - seven
zevende - seventh
zeventien - seventeen
zich schamen - be ashamed; hij schaamt zich - he is ashamed
zien - see
zij - she; they
zijn - be
zijn - his; zijn bed - his bed
zijn - its *(for neuter)*
zin - phrase
zingen - sing; zanger - singer
zitten - sit
zo - so
zo vaak als mogelijk - as often as possible
zonder - without
zonder een woord, zonder te spreken - without a word
zoon - son
zorg - care
zorgen - worry
zus - sister
zwart - black
zwemmen - swim

English-Dutch dictionary

a year ago - een jaar geleden
about - ongeveer
accident - ongeval
accompanied - begeleiden
accompany - begeleiden
ad - aanbiedingen
address - adres
adventure - avontuur
advert - advertentie
afraid - bang
after - na
after that - nadien
again - opnieuw
against - tegen
age - leeftijd
agency - agentschap
ago - geleden
agree - akkoord gaan
agreement - overeenkomst
air - lucht
airplane - vliegtuig
airshow - airshow
alarm - alarm
alien - buitenaards, alien
all - allemaal, veelzijdig
along - langs
aloud - luidop
already - al
also - ook
although - alhoewel
always - altijd
American - Amerikaans
Amerika en Eurazië - North America and Eurasia - Noord
and - en
angrily - woedend
angry - kwaad
animal - dier
another - een andere
answer - antwoorden
answered - antwoordde
answering machine - antwoordapparaat
any - enkele
anything - iets
apply - solliciteren
arm - arm
arrive - aankomen
arrived - aangekomen
art - kunst
artist - artiest
as - als
as often as possible - zo vaak als mogelijk
as well - ook
as, since *(kausal)* - als, sinds
ask - vragen
asked - gevraagd
aspirin - aspirine
asterisk - asterisk
at - bij
at first - eerst
at half past eight - half negen
at last - uiteindelijk
at least - tenminste
at one o'clock - om één uur
at the same time - tegelijkertijd
attention - aandacht
audience - publiek
away - weg
back - terug
bad - slecht
bag - zak
bank - bank
barked - blaffen
bathroom - badkamer; bath - bad
bathroom table - badkamertafel
be - zijn
be ashamed - zich schamen; he is ashamed - hij schaamt zich
be continued - wordt vervolgd
be sorry - spijt hebben; I am sorry. - Het spijt me
beautiful - mooi
because - omdat
bed - bed
beds - bedden
beep - bieptoon
before - voor
began - beginnen
begin - beginnen
behind - achter
believe - geloven; to not believe one's eyes - zijn ogen niet geloven
better - beter
between - tussen
big / bigger / the biggest - groot / groter / grootst

bigger - groter
bike - fiets
billion - Miljard
bird - vogel
bite - bijten
black - zwart
blank, empty - leeg
blue - blauw
book - boek
bookcase - boekenkast
bother - lastig vallen
box - doos
boy - jongen
boyfriend - vriend
brake - rem
brake - remmen
bread - brood
break, pause - pauze
breakfast - ontbijt
bridge - brug
bring - brengen
brother - broer
bus - bus; go by bus - de bus nemen
but - maar
butter - boter
button - knoop
buy - kopen
by the way - overigens
bye - dag, bye
cable - kabel
café - café
call - bellen
call - telefoneren; call centre - callcenter
call on the phone - telefoneren
called - roepen
came - komen
can - kunnen; I can read. - Ik kan lezen.
Canada - Canada
Canadian - Canadees
captain - kapitein
car - auto
care - zorg
careful - voorzichtig
carefully - voorzichtig
cash - geld
cash register - kassa; cashier, teller - kassier
cat - kat
catch - vangen
CD - CD
central - hoofd, centraal

centre - centrum; city centre - stadscentrum
ceremony - ceremonie
chair - stoel
chance - kans
change - verandering; to change - veranderen
check - controleren
chemical *(adj)* - chemisch
chemicals - chemicaliën
chemistry - chemie
child - kind
children - kinderen
choose - kiezen
chose - koos
city - stad
class - klas
classroom - klaslokaal
clean - schoon, schoonmaken
cleaned - schoongemaakt
clever - slim
close - dicht, dichtbij
closed - gesloten
closer - dichter
clothes - kleding
club - club
coffee - koffie
cold *(adj)* - koud
coldness - koude
colleague - collega
college - universiteit
come / go - komen / gaan
company - firma
competition - competitie
compose - ontwerpen
composition - ontwerp
computer - computer
confused - verward
constant - constant
consult - consulteren
consultancy - consultancy
consultant - consultant
continue - voortduren
continued to watch - verder kijken
control - controle
cooker - fornuis
cooking - koken
correct, correctly - correct; to correct - corrigeren
cost - kosten
could - kon
country - land
course - cursus

creative - creatief
cried - wenen
criminal - crimineel
cry - huilen
crystal - kristal
cup - mok
current - stroom
customer - klant
dad - vader
daddy - vader
daily - dagelijks
damn - verdomme
dance - dansen
danced - gedanst
dancing - dansend
dark - donker
date - datum
daughter - dochter
David's book - Davids boek
day - dag
deadly - dodelijk
dear - lieve, geachte
design - design
desk - lessenaar
destroy - vernietigen
develop - ontwikkelen
did - deed
die - sterven
died - stierf
different - verschillend
difficult - moeilijk
dirty - vuil
do - doen
Do not worry! - Maak je geen zorgen!
doctor - dokter
dog - hond
doll - pop
door - deur
dorms - slaapzaal, studentenwoning, studentenhuis
down - naar beneden
dream - dromen
dream - droom
dressed - gekleed
drink - drinken
drive - rijden
driver - chauffeur
driving license - rijbewijs
drove - rijden
dry *(adj)* - droog; to dry - drogen

DVD - DVD
ear - oor
earn - verdienen; I earn 10 dollars per hour. - Ik verdien 10 dollar per uur.
earth - aarde
eat - eten
editor - uitgever
education - opleiding
eight - acht
eighth - achtste
either of you - één van jullie
either, too, also - ook
elder - oudere
electric - elektrisch
eleven - elf
else - anders
e-mail - e-mail
employer - werkgever
empty - leeg
energy - energie
engine - motor
engineer - ingenieur
enjoy - genieten
especially - speciaal
estimate - schatten
estimated - geschat
etc. - etc.
evening - avond
every - elke
everybody - iedereen
everything - alles
example - voorbeeld
excuse - verontschuldigen
Excuse me. - excuseer me
experience - ervaring
explain - uitleggen
eye - oog
eyes - ogen
face - gezicht
fall - val
fall - vallen
fallen - vallen
falling - vallend
family - familie
far - ver
farm - boerderij
farmer - boer
fasten - vastmaken
favourite - favoriete
favourite film - favoriete film

feed - voederen
feeling - gevoel
fell - viel
female - vrouwelijk
few - weinig; a few - een paar
field - veld
fifteen - vijftien
fifth - vijfde
fill up - opvullen
film - film
finance - financiën
find - vinden
fine - goed
finish - aankomst; to finish - aankomen
finished - klaar
fire - vuur
firm - firma
firms - firmas
five - vijf
flew away - vloog weg
float - drijven
floating - drijven
floor - vloer
flow - vloeien
flower - bloem
fluently - vloeiend
food - voedsel
foot - voet
for - voor
for example - bijvoorbeeld
forget - vergeten
form - formulier
forty-four - vierenveertig
found - gevonden
four - vier
fourth - vierde
free - vrij; free time - vrije tijd
freeze - bevriezen
friend - vriend
friendly - vriendelijk
from - van, uit; from the USA - uit de VS
front - voorste
front wheels - voorwielen
full - vol
fun - tof
funny - grappig
furniture - meubilair, meubels
further - verder
future - toekomst
garden - tuin

gas - gas
gave - geven
German - Duits
get - bekomen
get (something) - krijgen
get (somewhere) - aankomen
get off - uitstappen
get up - opstaan; Get up! - Sta op!
gift - cadeau
girl - meisje
girlfriend - vriendin
give, hand - geven
glad - gelukkig
glass - glas
go - gaan; I go to the bank. - Ik ga naar de bank.
go away - weggaan
go by bike, ride a bike - met de fiets rijden
gone - weg
good, well - goed
goodbye - tot ziens
great - super, tof
green - groen
grey - grijs
guest - gast
gun - geweer
guy - jongen
had - had
hair - haar
half - half
handcuffs - handboeien
happen - gebeuren
happened - gebeurt
happiness - geluk
happy - gelukkig
hard - moeilijk
hat - hoed
hate - haten
have - hebben; he/she/it has - hij/zij heeft; He has a book. - Hij heeft een boek.
have a lot of work - veel werk hebben
have breakfast - ontbijten
he - hij
head - hoofd; to head, to go - gaan
health - gezondheid
heard - hoorde
hello - hallo
help - hulp; to help - helpen
helper - helper
her - haar; her book - haar boek
here (a direction) - hier

here (a place) - hier; here is - hier is
Hey! - Hey!
hi - hallo
hid - verstopt
hide - verstoppen
hide-and-seek - verstopper
high - hoog
him - hem
his - zijn; his bed - zijn bed
hit, beat - slaan
home - huis; go home - naar huis gaan
homework - huiswerk
hope - hoop
host - gastheer
host family - de gastfamilie
hotel - hotel
hotels - hotels
hour - uur; hourly - per uur
house - huis
how - hoe
howling - jankend
human - menselijk
hundred - honderd
hungry - honger, I am hungry. - Ik heb honger
I - ik; I listen to music. - Ik luister naar muziek
ice-cream - ijs
idea - idee
if - of
immediately - onmiddellijk
important - belangrijk
in - in
incorrectly - fout, verkeerd
individually - individueel
inform - informeren
information - informatie
informed - informeert
inside - binnen
instead - in de plaats; instead of - in plaats van
instead of you - in plaats van jou
interesting - interessant
Internet site - website
into - in
it - het
its *(for neuter)* - zijn
jacket - jas
jar - kruik
job - baan; job agency - uitzendbureau
join - verenigen
journalist - journalist
jump - springen

just - éénvoudig
kangaroo - kangoeroe
kettle - ketel
key - sleutel
keyboard - toetsenbord
killed - gedood
killer - moordenaar
kilometer - kilometer
kind, type - soort
kindergarten - kleuterschool
kiss - kussen
kitchen - keuken
kitten - kat
knew - wist
know - weten
know each other - elkaar kennen
lake - meer
land - landen
language - taal
laser - laser
last, take - duren; The movie lasts more than three hours. - De film duurt langer dan drie uur.
laugh - lachen
leader - leider
learn - leren
learned about - leren over
learning - leren
leave - verlaten
left - links
leg - been
less - minder
lesson - les
let - laten; let us - laat ons
letter - brief
life - leven
life-saving trick - levensreddende truc
lift - lift
like - leuk vinden; I like that. - Ik vind dat leuk.
like, love - graag hebben, houden van
limit - limiet
lion - leeuw
list - lijst
listen - luisteren; listen carefully - aandachtig luisteren
little - klein
live - leven
lived - leefde
living - woonkamer
load - laden; loader - lader
long - lang

look - bekijken
look around - rondkijken
looked - keek
loose - verliezen
lot - veel
love - lief hebben
love - liefde
loved - hield van
machine - machine
magazine - magazine
make - maken
maker - koffiemachine
male - mannelijk
man - man
manual work - handenarbeid
many, much - veel
map - kaart
mattress - matras
may - mogen, kunnen
me - mij
meanwhile - ondertussen
medical - medisch
meet - ontmoeten
member - lid
men - mannen
mental work - denkwerk
met - leren kennen
metal - metaal
meter - meter
method - methode
microphone - microfoon
middle name - tweede naam
mine - mijn
minute - minuut
Miss - juffrouw
mister, Mr. - Mijnheer, Mr.
mobile - GSM
mom, mother - mama, moeder
moment - moment
Monday - maandag
money - geld
monkey - aap
monotonous - monotoon
more - meer
morning - ochtend
mosquito - mug
mother - moeder
moved - bewoog
much, many - veel, vele
music - muziek

must - moeten; I must go. - Ik moet gaan.
must not - niet mogen
my - mijn
mystery - raadsel
name - naam
nationality - nationaliteit
native language - moedertaal
nature - natuur
near, nearby, next - dichtbij
nearest - dichtst
nearness - omgeving, nabijgelegen
need - nodig hebben
neighbour - buur
never - nooit
new - nieuw
newspaper - krant
nice - mooi
night - nacht
nine - negen
ninth - negende
no - nee
nobody - niemand
nose - neus
not - niet
note - notitie
notebook - notitieboek
notebooks - notitieboeken
nothing - niets
now - nu, meteen
number - nummer
o'clock - uur; It is two o'clock. - Het is twee uur
of course - natuurlijk
office - kantoor
officer, policeman - politieagent
often - vaak
Oh! - Oh!
oil - olie
OK, well - duidelijk
okay, well - okay, goed
on - op
on foot - te voet
once - éénmaal
one - één
one by one - één per één
one more - nog één
only - enkel
open - openen
opened - geopend
order - bevel
ordinatie - co-ordination - co

other - andere
our - ons, onze
out of order - buiten gebruik
outdoors - buiten
over - over
over, across - boven, over
own - eigen
owner - eigenaar
paid - betaalde
pail - emmer
pale - bleek
panic - paniek; to panic - panikeren
paper - papier
parachute - parachute
parachutist - parachutist
parent - ouder
park - park
parks - parken
part - deel
participant - deelnemer
pass a test - slagen voor een test
passed - afgelopen
past - na; verleden
patrol - patrouille
pay - betalen
pay attention to - aandacht besteden
pen - pen
pens - pennen
people - mensen
per hour - per uur
person - persoon
personal - persoonlijk
personnel department - personeelsafdeling
pet - huisdier
pharmacy - apotheek
phone - telefoon, telefoneren
phone handset - handset
photograph - fotograferen; photographer - fotograaf
phrase - zin
picture - foto
pill - pil
pilot - piloot
pitch - rollen
place - plaats
plan - plan, plannen
planet - planeet
plate - bord
play - spelen
playing - spelen

please - alstublieft, alsjeblieft, aub
pocket - zak
pointed - wees aan
Poland - Polen
police - politie
poor - arm
position - positie
possibility - mogelijkheid
possible - mogelijk
pour - gieten
prepare - voorbereiden
press - drukken
pretend - doen alsof
price - prijs
problem - probleem
produce - produceren
profession - beroep
program - programma
programmer - programmeur
protect - beschermen
publishing - publiceren
pull - trekken
puppy - puppy
pursuit - achtervolging
push - duwen
pussycat - poes
put on - aandoen
questionnaire - vragenlijst
queue - rij
quick, quickly - snel
quietly - stil
quite - vrij
radar - radar
radio - radio
railway station - treinstation
rain - regen
rang - bellen, rinkelen
rat - rat
read - lezen
reading - lezen
ready - klaar
real - echt
really - werkelijk
reason - reden
recommend - aanbevelen
recommendation - aanbeveling
recommended - aanbevolen
record - opnemen
red - rood
refuse - weigeren

rehabilitate - genezen, behandelen
rehabilitation - genezing, behandeling
remain - blijven
remembered - herinnerde
report - rapporteren
reporter - reporter
rescue - redden
rescue service - reddingsdienst
ricochet - ricochet
right - rechts
ring - bel; to ring - bellen, rinkelen
road - straat
robber - dief
robbery - inbraak, overval
roof - dak
room - kamer
rooms - kamers
round - rond
rub - wrijven
rubber - rubber
rubric - rubriek
rule - regel
run - rennen, lopen
run away - weglopen
running - lopen
rushed - gehaast
sad - treurig
safe - kluis
said - zei
same - hetzelfde
sand - zand
sandwich - broodje
Saturday - zaterdag
save - redden
saw - zag
say - zeggen
school - school
sea - zee
seashore - kust
season - seizoen
seat - zetel; take a seat - gaan zitten
seat belts - gordel
second - tweede
secret - geheim
secretary - secretaresse
secretly - geheim
see - kijken; zien
seed - zaad
seldom - zeldzaam
sell - verkopen

sent - gezonden
sergeant - sergeant
serial - serie
seriously - ernstig
servant - bediende
serve - bedienen
set free - bevrijden
seven - zeven
seventeen - zeventien
seventh - zevende
sex - geslacht
shake - schudden
she - zij
sheet (of paper) - blad
ship - schip
shook - schudde
shop - winkel; shop assistant - verkoper, verkoopster
shopping center - winkelcentrum
shops - winkels
shore - kust
short - kort
shot - schot
show - tonen
showed - toonde
silent, silently - stil
silly - dom
simple - simpel
since *(temporal)* - sinds
since, as - sinds, terwijl
sing - zingen; singer - zanger
single - single
siren - sirene
sister - zus
sit - zitten; sit down - neerzitten
situation - situatie
six - zes
sixth - zesde
sixty - zestig
skill - bekwaamheid
sleep - slapen
sleeping - slapen
slightly - lichtelijk
slowly - traag
sly - sluw
sly, slyly - sluw
small - klein
smart - slim
smile - lach, lachen
smiled - lachte

snack - snack
so - zo
solution, answer - oplossing
some - een paar; enkele
somebody - iemand
something - iets
sometimes - soms
son - zoon
soon - spoedig
space - ruimte
spaceship - ruimteschip
spaniel - spaniel
Spanish - Spaans
speak - spreken
speech - speech
speed - snelheid; to speed - te snel rijden
speeder - snelheidsovertreder
speler - CD player - CD
spend - uitgeven
sport - sport; sport shop - sportwinkel
sport bike - sportfiets
spread - spreiden
square - plein
stairs - trappen
stand - staan
standard - standaard
star - ster
start - starten
started (to drive) - starten
status - staat; family status - burgerlijke staat
steal - stelen
steer - sturen
step - stap; to step - stappen
stepped - stapte
still - nog
stinking - stinkend
stolen - gestolen
stone - steen
stop - stoppen
stopped - gestopt
story - verhaal
strange - vreemd
street - straat
streets - straten
strength - sterkte
strong, strongly - sterk
student - student
students - studenten
study - studeren

stuffed - gevuld; stuffed parachutist - gevulde parachute, valsschermspringerspop
suddenly - opeens
suitable - passend
supermarket - supermarkt
sure - zeker
surprise - verrassen
surprise - verrassing
surprised - verrast
swallow - slikken
swim - zwemmen
switched on - inschakelen
table - tafel
tables - tafels
tail - staart
take - nemen
take part - deelnemen
taken - genomen
talk - spreken
tanker - tanker
tap - kraan
task - taak
tasty - lekker
taxi - taxi; taxi driver - taxichauffeur
tea - thee
teach - aanleren
teacher - leraar
team - team
telefone - telefoon; to telephone - telefoneren
television - televisie
tell, say - zeggen
ten - tien
tenth - tiende
test - test, testen
text - tekst
textbook - vakboeken
than - dan; George is older than Linda. - George is ouder dan Linda
thank - bedanken; thank you, thanks - bedankt
that *(conj)* - dat, die; I know that this book is interesting. - Ik weet dat dit book interessant is.
the United States/the USA - de Verenigde Staten/ de VS
their - hun
then - dan
there - daar, er
these, those - deze, die
they - zij
thief - dief
thieves - dieven

thing - ding
think - denken
thinking - denken
third - derde
thirty - dertig
this - dit, deze; this book - dit boek
this stuff - deze dingen
thousand - duizend
three - drie
through - door
ticket - ticket
tiger - tijger
time - tijd
tired - moe
today - vandaag
together - samen
toilet - toilet
tomorrow - morgen
too - ook
took - nemen
town - stad
toy - speelgoed
train - trainen; trained - getraind
train - trein
translator - vertaler
transport - transport
travel - reizen
trick - truc
tried - probeerde
trousers - broek
truck - truck
try - proberen
turn - draaien
turn off - uitdoen
turn on - aandoen
turned - gedraaid
TV-set - televisie
twelve - twaalf
twenty - twintig
twenty - twintig
twenty-five - vijfentwintig
twenty-one - éénentwintig
twice - tweemaal
two - twee
unconscious - bewusteloos
under - onder
underline - onderstrepen
understand - begrijpen
understood - begreep
unfair - onrechtvaardig

unload - lossen
until - tot
us - ons
USA - VS
use - gebruiken
usual - gewoonlijk
very - heel
vet - dierenarts
videocassette - videocassette
video-shop - videotheek
village - dorp
visited - bezocht
voice - stem
wait - wachten
waited - wachte
walk - wandelen; gaan
walking - wandelen
want - willen
wanted - gewild
war - oorlog
warm - warm
warm up - opwarmen
was - was
wash - wassen
washer - wasmachine
watch - horloge
water - water
wave - golf
way - weg
we - wij
weather - weer
week - week
went away - weg gaan
were - waren
wet - nat
whale - walvis, killer whale - orka
what - wat, welke; What is the matter? - Wat is er aan de hand? What is this? - Wat is dat? What table? - Welke tafel?
wheel - wiel
when - wanneer
where - waar
which - welke
while - terwijl
white - wit
who - wie
whose - wiens
wide, widely - wijd
will - willen
wind - wind

window - venster
windows - vensters
with - met
without - zonder
without a word - zonder een woord, zonder te spreken
woman - vrouw
wonderful - prachtig
word - woord
words - woorden
worked - gewerkt
worker - arbeider
working - werkend
world - wereld
worry - zorgen

write - schrijven
writer - schrijver
wrote - schreef
yard - tuin
year - jaar
yellow - geel
yes - ja
yesterday - gisteren
yet - nog
you - je, jij
young - jong
your - jouw
yours sincerely - met hoogachting
zebra - zebra
zoo - dierentuin

* * *

www.ingramcontent.com/pod-product-compliance
Lightning Source LLC
Chambersburg PA
CBHW080346170426
43194CB00014B/2698